KB268090

외로운
아이는
부모가
만든다

멜라인 키보키언

외로운 아이는 부모가 만든다

신홍민 옮김

긍정적인 인간관계를 형성하도록 도와주자

아이에게 학교생활에 대해 물었을 때, 친구들 사이에서 일이나 선생님과의 일에 대해 말하면서 아이가 와락 눈물을 터뜨릴지도 모른다. 설령 그런 일이 일어난다 하더라도, 이 책을 읽고 있는 당신은 혼자가 아니다. 당신은 이 책을 통해 당신의 아이가 건강하고 긍정적인 인간관계를 형성하고 유지하는 데 필요한 정보를 습득할 수 있다. 이 책은 외로운 아이가 되지 않기 위한 7가지 원칙을 제시하고 있다. 그것들을 아이와 함께 익혀 나간다면 아이가 긍정적인 대인관계를 구축하는 데 커다란 도움이 될 것이다. 각각의 원칙에는 아이가 또래 아이들과 교사, 그리고 어른들과 맺고 있는 여러 가지 관계에서 발생하는 현실적인 문제들을 다룰 것이다. 또한 당신은 각각의 예의와 규칙을 통해서 손쉬운 조언, 여러 가지 현실적인 해결 방안과 사례들을 발견하게 될 것이다. 사랑하는 아이에게 건강한 대인관계를 형성할 수 있는 가르침을 주고자 할 때, 이 책에서 제시한 원칙과 방법은 실질적인 도움을 줄 것이다.

멜라인 키보키언

|차례|

프롤로그_ 올바른 대인관계 형성을 위하여

학교에서나 학교밖에서나 아이들이 잠재능력을 개발할 수 있도록 해주는 것이 바로 '관계 맺기'이다. 나이 들수록 아이들에게는 또래 아이들과의 관계가 점점 더 중요해진다. 친구들과의 관계는 아이들에게 자제심과 문제해결, 자신의 감정을 이해하는 방법 등을 습득할 수 있는 기회를 제공한다.

아이들을 학교에 데려다 주면서, 막내아들에게 낱말 맞춤법 연습을 시키는 중이다. 그때 큰아들이 자기 반 어떤 아이가 자기를 괴롭힌다고 이야기하는 소리가 들린다. 나는 그 소리에 귀를 기울인다. 그와 동시에 아침이면 내 차를 타고 학교에 가는 두 조카도 친구들이 얼마나 못되게 구는지 이야기한다. 네 살짜리 조카딸 가이아나는 "가이아나 파이아나, 가이아나 파이아나"라는 소리를 되풀이 하며, 같은 반 남자아이가 항상 엉터리 이름으로 자기를 부른다고 투덜댄다. 열네 살인 조카딸 타티아나는 두 눈이 따끔거리는데도 콘택트렌즈를 끼고 다닌다. 친구들에게 안경 쓴 모습을 보여 주는 것이 부끄럽기 때문이다. 언니가 많은 돈을 들여 새로 사 준 안경이지만 타티아나에게 그런 사실은 중요하지 않다. 아이들이 등교하는 날 아침은 모두가 밥 먹고 옷 입고 이를 닦고 시간에 맞춰 집을 나서느라 정신없이 바쁠 때가 많다. 그러니 아이들은 누가 나를 미워한다고 떼쓸 여유가 없다.

나는 가이아나에게 내가 좋아하는 오래된 격언을 말해 준다. "몽둥이와 돌멩이로는 내 뼈를 부술 수 있지만 욕설로는 나를 절대로 해치지 못한다." 타티아나가 낄낄대고 웃으며 한마디 거든다. "가이아나에게 사실대로 말해 주세요." 일테면, 학창 시절에는 이따금 우울한 날도 있을 수 있다고 말해 주라는 것이다. 나는 교육자이자 저술가로서 아이들이 학교생활을 잘할 수 있도록 부모들에게 조언해 주려고 노력하는 사람이다. 그래서 나는 아이들이 부모와 교사 그리고 다른 아이들과 관계를 형성하는 데 도움을 줄 수 있는 7가지 원칙을 부모들과 공유하기로 결심했다. 학교에서나 학교 밖에서나 아이들이 잠재능력을 개발할 수 있도록 해주는 것이 바로 '관계 맺기' 이다. 나이 들수록 아이들에게는 또래 아이들과의 관계가 점점 더 중요해진다. 친구들과의 관계는 아이들에게 자제심과 문제 해결, 자신의 감정을 이해하는 방법 등을 습득할 수 있는 기회를 제공한다.

연구에 따르면, 어린이들이 자신의 잠재능력을 개발하기 위해서는 학교에서 소속감과 정신적 흥분을 느끼고 경험할 필요가 있다고 한다. 하지만 오늘날 많은 아이들이 자신에게는 친구가 없다고 여기며 일주일에 40시간에 달하는 학교생활의 대부분을 불행하게 보낸다고 말한다. 당신은 부모 또는 교사로서 아이들이 친구가 없다거나, 다른 아이들이 못되게 군다고 말하는 것을 들어 본 적이 있을 것이다. 어린 시절에 또래들로부터 따돌림을 경험하면 자존감에 상처를 입거나 우울증을 앓는 등 심각한 부작용이 생길 수 있다. 심각한 경우 따돌림은 학교 중퇴나 청소년 범죄 또는 정신건강의 문제로 이어질 수 있다.

당신과 어떤 사람 사이에 문제가 있다고 가정해 보자. 어른으로서 우리는 그것이 우리 마음을 어지럽히고, 다른 일에 집중하는 것을 방해한다는 사실을 잘 알고 있다. 어린이도 우리와 다르지 않다. 그래서 미국의 교육자들과 지도자들은 유치원 교육에 우선권을 부여해 왔다. 유치원 교육의 중요한 목표 가운데 하나는, 어린이들끼리 서로 긍정적인 인간관계를 형성할 수 있는 방법을 습득하도록 도와주는 데 있다. 아이들이 학교 교육에서 최대한의 것을 얻어낼 수 있도록 부모와 교사들은 어린이들이 친구를 사귀는 일에 도움을 주어야 한다. 나는 우리 자녀들이 건강한 인간관계를 형성하는 데 필요한 상호작용의 방법을 갖춘,

'예의 바르고 긍정적인 인간' 으로 성장하기를 열망하는 부모와 교사들을 위해 이 책을 썼다. 이 책에서 그러한 방법들을 함께 고민해 봄으로써 당신이 아이에게 그러한 것들을 일깨워 주고 길러 줄 수 있을 것이다. 이제부터 당신은 아이의 왕따 예방은 물론 아이가 긍정적인 인간관계를 형성하고 유지할 수 있도록 예의 바른 아이로 키우는 부모의 길로 나아가게 될 것이다.

제1원칙_ 먼저, 좋은 친구가 되어야 한다

여덟 살 무렵이 되면, 아이들에게 친구들이 무척 중요한 존재가 된다. 이 무렵의 아이들은 자신이 어떤 친구가 되어야 하는가, 이야기하기에 어린 나이가 아니다. 그렇다면 과연 당신의 아이는 좋은 친구가 되기 위해서 어떤 자질을 갖추어야 할까? 무엇보다 친절해야 할 것이다.

친구에 관해 함께 이야기하자

아홉 살 이사벨은 학교에서 돌아오면, 거의 매일 단짝 친구가 자기에게 못되게 군다고 하소연한다. "프레신이 쉬는 시간에 나랑 놀지 않았어요. 그 애는 다른 아이들도 나랑 놀지 못하게 해요. 난 쉬는 시간이 싫어요." 다음날에도 이사벨이 외톨이가 되는 상황은 되풀이된다.

아이가 단짝 친구들에게 '따돌림' 당한 적이 있는가? 당신의 아이와 단둘이 있을 때는 매우 다정한 아이가 사람들 앞에서는 못되게 변해서 아이가 당혹감을 느낀 적이 있는가? 당신의 아이는 학교생활을 이야기할 때, 친구들에 대해 부정적인 시각으로 이야기하는가? 아이들이 자라서 걷고, 말하고, 놀기 시작하면서부터 우리는 끊임없이 아이들에게 다른 아이들과 다투지 말고, 친절하게 말하며, 친절하게 대하라고 가르친다. 사람들에게 친절하게 행동하지 않으면 아이들을 꾸짖는다. 공원에서 처음 보는 아이인데도 장난감을 함께 가지고 놀도록 강요하기도 한다. 그러나 우리 아이들은 친구들에게 친절하게 대하고, 장난감을 함께 가지고 논다고 해서 항상 보답받는 것은 아니라는 사실을 이미 알고 있다. 실제로 그런 일은 충분히 있을 수 있는 일이며, 그래서 부모와 아이 모두가 실망하게 되는 것이다.

우리 역시 교양없고 무례한 성인들과 부딪치는 날이 많다. 그런 사람이라면 무시할 수도 있겠지만, 마음에 맞는 사람들 하고만 가깝게 지내기란 거의 불가능하다. 그다지 반갑지 않은 사람과 함께 일을 하거나 협력해야 하는 상황이 발생할 수도 있다. 우리 아이들에게 학교생활도 다르지 않다. 아이들마다 성격, 태도, 행동 등이 모두 달라서 그것들이 갈등과 고통을 초래하는 경우가 많다. 그 속에서 아이들은 친구들과 함께 어울리면서 여러 가지 선택을 해야 한다. 그리고 그러한 선택은 우리 아이들이 어떻게 성장하여 어떤 어른이 될 것인지에 결정적인 영향을 미치게 된다. 그러므로 당신은 아이가 친구로 꼽는 아이들에 대해 다음과 같은 몇 가지 사항을 짚어 볼 필요가 있다. 다음은 당신의 아이가 친구들을 염두에 두고 스스로에게 물어보아야 할 것들이다.

- 친구와 함께 있으면 즐거운가?
- 친구와 함께 있으면 기분이 좋은가?
- 학교생활과 여러 가지 활동을 잘할 수 있도록 도움을 주는가?
- 다른 아이들과 함께 있을 때에도 변함없는 태도로 나를 대하는가?

당신은 아이의 친구들에게 바람직한 모습을 확인하고 난 후, 그 관계를 잘 유지할 수 있도록 도움을 주어야 한다. 친구로서 갖추고 있어야 할 자질이 무엇인가에 대해 당신과 아이 모두 수긍할 수 있는 목록을 만들어 보자. 지금 바로, 친구 관계에서 가장 중요한 자질이 무엇인지 아이와 이야기해 보기 바란다. 좋은 친구를 사귀는 데에 도움이 될 것이다. 먼저, 아이가 생각하는 친구의 의미에 대해 충분히 들어주어야 한다. 그러고 나서 당신의 생각을 말해 주어야 한다. 친절하고 반갑게 맞이해 주는 친구가 좋은 친구임을 일깨워 주어야 할 것이다. 당신의 아이를 미소 짓게 하고 함께 있으면 즐거운 친구가 좋은 친구라는 사실 말이다. 기분과 상황에 따라 친구를 대하는 태도가 달라지면 좋은 친구라고 하기 어렵다.

　아이들은 친구가 못되게 굴었다며, 놀이에 끼워 주지 않았다며, 점심시간에 혼자 점심을 먹게 내버려 두었다며 잔뜩 기분이 상해 집에 돌아오는 일이 아주 흔하다. 아이들이 다른 아이에게 못되게 구는 데에는 여러 가지 이유가 있다. 부모로부터 적절한 교육을 받지 못했을 때, 가정이 제대로 기능을 발휘하지 못할 때도 그렇다. 아이의 바람직하지 못한 행동을 바로잡아 주지 않고, 다른 아이들에게 못되게 굴어도 가만히 내버려 두는 부모들이 있다. 부모들의 이러한 태도는 아이가 사람들에게 불친절하게 굴도록 부추기는 것과 다름없다.

친절한 아이는 친구가 많다

여덟 살 무렵이 되면, 아이들에게 친구들이 무척 중요한 존재가 된다. 이 무렵의 아이들은 자신이 어떤 친구가 되어야 하는가, 이야기하기에 어린 나이가 아니다. 그렇다면 과연 당신의 아이는 좋은 친구가 되기 위해서 어떤 자질을 갖추어야 할까? 무엇보다 친절해야 할 것이다. 유쾌하고 사려 깊은 아이는 친구들에게 인기가 많다. 친절한 아이는 친구들이 먼저 다가오게 만들고, 언제나 웃는 얼굴로 주변을 밝게 한다. 친구들 사이에는 공통의 관심사가 존재한다. 아이에게 자신과 비슷한 것을 좋아하는 아이들을 생각해 보게 하자. 어떤 아이는 다른 아이에게 자신이 관심 갖는 것에 대해 말하는 것을 부끄러워할 수도 있다. 비웃음을 살까 두렵기 때문이다. 아이에게 다른 친구들이 어떤 관심을 갖고 있는지 물어볼 수 있도록 용기를 주기 바란다. 아이는 누가 자신과 비슷한 취미를 가지고 있는지 알아내고, 함께 어울리게 되면 따돌림 당하거나 놀림 당할지 모른다는 두려움을 떨쳐 버릴 수 있다.

자신감 넘치는 아이는 외롭지 않다

아이들은 자신감이 넘치는 아이에게 매력을 느낀다. 그러므로 당신은 아이가 현재 자기 자신의 모습에 자신감을 가질 수 있도록 도와주어야 한다. 당신의 아이는 거울을 보면서 그 속에 보이는 자신의 모습을 좋아하는가? 아이에게 자기 자신에 대해 어떻게 생각하는지 물어보자. 우리 어른들도 자신의 스타일에 자신감이 있으면 어디를 가든 즐겁다. 반면 문을 나서면서 자신의 외모나 옷이 초라하다고 느껴지면 외출을 꺼리게 된다. 마음이 위축되거나 수줍어지기 때문이다. 그럴 때 당신은 아이를 칭찬함으로써 아이들이 자신의 외모에 만족감을 느끼도록 도와주는가? 아이들이 특정 부분에 대해 불만스러워할 때, 아이와 함께 고민하며 도움을 주는가? 아이에게 외모가 전부이고, 내면은 중요하지 않다고 가르치라는 의미가 아니다. 현실을 감안해서 보여지는 모습도 중요하다는 사실을 말하는 것이다.

아홉 살 앤드류와 열한 살 에드워드는 형제이며 단짝 친구지만, 둘은 전혀 다르다. 형 에드워드는 운동에 소질이 있고, 동생은 예술적인 창의력을 지녔다. 앤드류는 축구 시합에 뛸 선수를 뽑을 때, 맨 마지막으로 뽑히는 아이다. 앤드류는 구경하는 것을 좋아하는 편이다. 하지만 선생님은 한 아이도 빠짐없이 경기에 뛰게 만든다. 앤드류는 운동을 피하려고 안간힘을 다하지만, 자기 팀을 응원하는 데에는 온 힘을 쏟는다. 앤드류는 운동에 관심이 없고, 실제로 소질도 없다. 앤드류는 자전거 타기와 낚시를 좋아한다. 일곱 살 때, 가장 실력 없는 선수가 되는 것이 멋진 일이 아니라는 것을 깨달은 후, 단체 경기에 관심을 잃었다. 반면, 에드워드는 거의 모든 운동 경기에 선수로 뛰면서 우수 선수에게만 주는 상품도 자주 받고, 관중으로부터 열띤 환호성을 받는다. 둘은 판이하게 다르지만, 둘 다 친구가 매우 많으며 건강한 자아의식을 가지고 있다.

앤드류와 에드워드의 부모는 항상 아이들이 성취한 것에 대해 칭찬해
줌으로써 그들이 자신의 재능에 자부심을 갖도록 도와준다. 또한 그들
은 아이들이 친구를 사귀려면, 자기 자신에 대한 자신감을 가져야 한다
는 것을 이해하고 있다. 어린이들은 자신이 잘하는 것, 자신이 즐기는
것, 자신에게 어울리는 것이 무엇이고 , 자신이 못하는 것, 자신이 싫어
하는 것, 자신에게 어울리지 않는 것이 무엇인지 깨달아야 한다.

자신의 약점에 당당한 아이는 상처받지 않는다

당신은 노래에 소질이 없는 아이에게 가수가 되라고 말하지 않을 것이
다. 가수가 되기보다는 음악을 즐기는 편이 즐거울 테니 말이다. 당신
은 아이가 재능을 발전시키고 자신의 적성에 맞는 취미를 찾도록 도와
주어야 한다. 취미활동을 통해 자신은 특별한 존재이며, 다른 사람들을
위해 할 수 있는 일이 많다는 것을 스스로 인정하도록 말이다. 또한 아
이에게 그 누구도 모든 일을 다 잘할 수 없으며, 자신이 잘할 수 있는
일에 만족하는 것도 중요하다는 것을 일깨워 주어야 한다. 자기 자신에
게 만족하며 좋은 생각을 갖도록 도와주는 일도 부모로서 해야 할 일이
다. 자신에게 자신감이 있으면 다른 사람들이 약점을 지적해도 기분 나

쁘게 여길 가능성이 낮다. 자기가 남보다 뛰어나게 잘하지 못하는 어떤 일에 대해 스스로 농담을 할 수 있다면, 그것으로 인해 상처 받는 일은 없을 것이다.

아이들은 자기가 더 잘할 수 있는 다른 일들이 있다는 사실을 알게 되면 운동에 소질이 없어서 체육시간에 제대로 공을 차지 못한다 하더라도 예전보다 기분 좋게 받아들일 것이다. 최고가 되어야 하는 것은 아니지만, 최선을 다해야 한다는 점을 아이들이 당연하게 받아들이도록 해야 한다. 열심히 노력하는 일에 만족하고 최선을 다해 노력하는 것 자체를 즐길 수 있어야 한다. 친구들이 어떤 말을 하는지, 그들이 특정한 일에 대해 어떻게 생각하고 어떤 반응을 보이는지 아이가 지나치게 마음을 쓰기 시작한다면 이때가 바로 당신이 나설 시점이다. 당신은 당신의 아이가 무엇 때문에 마음을 졸이고 있는지를 알아야 한다. 친구란 서로에게 나쁜 영향을 미치고 자존심을 상하게 하는 존재가 아니라, 함께 즐거워하고 힘든 일을 함께 고민할 수 있는 존재가 되어야 한다. 그 사실을 아이가 잊지 않도록 도와주기 바란다.

당신의 아이가 처음으로 친구를 사귈 때, 아마도 아이는 그 친구가 오랜 시간 자기 인생의 일부가 될 사람인지 아닌지를 알지 못할 것이다. 당신의 아이는 최선을 다하지만, 다른 아이는 즐거움을 함께 나눌 친구가 되지 못할 수도 있다. 어린이들이 알아 둬야 할 사실은 친구들과 의견이 항상 일치하지 않아도 괜찮다는 것이다. 누구나 친구들과 다른 의견을 가질 수 있으며, 의견이 다르다는 것이 문제가 되지 않는다는 것을 알려 줄 필요가 있다. 의견이 일치하지 않을 때 자신의 의견을 표현하는 적절한 방법이 있다. 거절의 표현 대신, 다음과 같이 말할 수 있다. "난 이걸 하고 싶어. 네가 좋아하는 것을 먼저하고, 그 다음에 내가 좋아하는 것을 하면 어떨까?"

있는 그대로 인정하는 법을 배워야 한다

아이들은 새로운 친구를 만날 때, 그 아이가 말하거나 행동하는 모든 것이 자신의 생각과 항상 같을 수 없다는 사실을 인정해야 한다. 억지를 부리거나 사람을 변화시키려 하는 행동은 좋은 친구를 사귀고, 우정을 유지하는 방법이 아니다. 또한 모든 주제에 항상 대답할 수 있어야 하는 것은 아니라는 사실도 알아 둘 필요가 있다. 늘 모든 것에 대해 의견을 가지고 있고, 모르는 것이 없는 사람을 좋아하는 사람은 아무도 없다. 오히려 어떤 주제에 대해 좋은 청취자가 되거나 아무런 언급을 하지 않는 것이 바람직할 때가 많다. 아이가 훌륭한 청취자 역할을 함으로써 친구들에게 그들의 이야기가 흥미롭고 즐겁게 한다는 것을 보여 줄 수 있다. 걸핏하면 말을 가로막는 것은 무례한 행동이 될 수 있으며, 이런 행동은 다른 사람으로 하여금 자신이 중요한 존재가 아니라는 느낌을 갖게 만든다. 이를 위해서 아이들이 말을 하고 싶어 할 때, 당신은 일을 멈추고 아이들의 말에 귀 기울이는 모습을 보여 주어야 한다.

당신은 아이에게 어떤 사람들을 처음 만날 때 '부족한 것이 넘치는 것보다 낫다' 는 것을 말해 주어야 한다. 다른 사람들의 세세한 부분까지 빠짐없이 공유할 필요는 없다는 것을 이해할 수 있도록 도와주어야 하는 것이다. 만나는 사람의 취미와 기호에 관련된 긍정적이고 흥미 있는 이야기들을 공유하려는 것은 좋은 생각이다. 그러나 처음부터 개인적이고 민감한 문제에 대해 털어놓고 이야기하려는 것은 바람직하지 않다. 때때로 개인적인 고통에 대해 이야기하는 것은 문제되지 않지만, 시종일관 부정적인 일이나 '좋지 않은 소식' 을 듣고 싶어 하는 사람은 많지 않을 것이다.

좋은 친구를 찾는 것보다 쉬운 건, 좋은 친구가 되는 것이다

어느 날 오후, 아만다가 울면서 학교에서 돌아왔다. 학교의 모든 아이들이, 심지어는 가장 친한 친구들까지도 자기가 남자아이와 뽀뽀를 했다고 이야기한다는 것이다. 아만다는 친구들이 그런 소문을 퍼뜨리고 다니는 소리를 우연히 들었다고 한다.

당신은 아이가 친구에게 지나친 행동을 하지 않고, 친구의 소문을 퍼뜨리는 것에 동참하지 않음으로써 스스로 좋은 친구가 되도록 도와주어야 한다. 아이가 친구와 어떤 비밀을 공유하고 있는데, 그것이 어른에게 이야기해야 할 정도의 것이 아니라면, 아이는 비밀을 지켜야 한다. 의견의 차이가 있을 때 다른 사람을 끌어들이지 말아야 한다. 친구 사이에서 일어난 문제는 우선 그 안에서 해결하려고 해야 하며, 긍정적인 태도로 대화에 임해야 한다.

우정이 항상 참모습을 드러내는 것은 아니지만, 친구라면 늘 가깝게 지내야 한다는 것을 아이에게 상기시켜 주어야 한다. 친구는 특별하다. 당연히 있는 존재로 가볍게 여겨서는 안 된다. 당신은 미소 짓게 하는 친구들이 아이 곁에 모여들도록 도와주어야 한다. 새로운 사람들을 만날 때, 아이는 미리 준비를 하고 있어야 한다. 아이에게 그 어느 것도

미소를 이기지 못한다고 이야기해 주기 바란다. 아이가 친구들과 흥미
로운 대화를 나누고, 다른 아이들이 이야기할 때는 귀담아 듣도록 도와
주어야 한다.

미소를 이기지 못한다고 이야기해 주기 바란다. 아이가 친구들과 흥미
로운 대화를 나누고, 다른 아이들이 이야기할 때는 귀담아 듣도록 도와
주어야 한다.

친구들이 가진 특징들을 중요도에 따라 순서를 매겨
본다.

-저학년 어린이

- 학교생활을 잘한다.
- 옷을 잘 입는다.
- 똑똑하다.
- 친구들의 소문을 모두 알고 있다.
- 나를 웃게 만든다.
- 다른 사람들을 괴롭히지 않는다.
- 예의 바르다.
- 나에게 친절하다.
- 나의 관심을 공유한다.
- 나와 똑같은 장난감을 가지고 있다.

-고학년 어린이

- 다투지 않고 어울려 논다.
- 절대로 때리지 않는다.
- 선생님과 엄마의 말을 귀담아 듣는다.
- 여러 가지 활동을 함께하자고 내게 제안한다.

제2원칙_ 나보다 먼저 우리를 생각해야 한다

팀 안에서 효율적으로 협력이 이루어지는 데 필요한 기술은 학교를 넘어, 한 사람에게 평생 동안 필요한 기술이다. 우리는 결혼생활과 직장 생활, 친구 관계 등에서 긍정적인 결과와 만족을 얻기 위해 협력하는 방법을 배우고, 존중과 배려가 무엇인지를 진정으로 이해해야 한다.

훌륭한 선수가 되는 동시에 훌륭한 팀원이 되어야 한다

열세 살 애쉴리와 열네 살 버지니아는 여섯 살 때부터 친구였으며, 현재는 같은 응원단원이다. 애쉴리는 3년 연속 응원단의 주장을 했다. 고등학교 응원단 선발 시험에 응시할 때가 되어 두 소녀는 매우 흥분하여 벌써부터 준비를 하고 있다. 늘 그랬듯이 버지니아는 응원단 선발 시험에 대비한 연습을 위해 애쉴리에게 조언을 구한다. 하지만 버지니아는 선발 시험에 통과한 반면 애쉴리는 탈락한다. 애쉴리 엄마는 실망하지만, 딸이 문제를 극복하고 계속 연습해서 다시 시험에 응시하겠다는 의욕을 갖도록 도와준다. 엄마는 애쉴리에게 이렇게 말한다. "너희들은 비슷한 차림으로 짧은 시간에 똑같은 동작을 연기하잖니..그런 여자아이들에 대해서 잘 알지 못하는 감독이 혼자 소수의 인원을 뽑아 팀에 받아들인다는 게 얼마나 어려운 일인지 알겠니? 그 점을 이해하자꾸나. 감독에게 앞으로 뭔가 좋은 일이 기다리고 있을 거라고 말해 줘. 다만 지금까지는 그것을 발견하지 못했을 뿐라고 상기시켜 줘."

딸에게 언젠가는 응원단에 들어가 첫 경기에서 응원하는 너의 모습을 반드시 볼 수 있게 되리라는 것을 말해 주면 좋을 것이다. 아이들이 눈물과 두려움을 떨쳐 버리고 앞으로 나아가도록 도와주는 것이 중요하다. 문제를 회피하는 것은 결코 현실적인 해결책이 아니며, 좌절을 딛고 일어서면 언제라도 기회가 온다는 것을 일깨워 주기 바란다.

아홉 살 마르코는 야구부 소속으로, 연습을 게을리 하지 않는데도 삼진을 당할 때가 많다. 마르코의 부모는 아들에게 가장 중요한 것은 최선을 다하는 것이고, 삼진을 당할 때조차 마르코를 매우 자랑스럽게 생각한다고 말한다. 그러나 같은 팀의 아이들은 마르코의 기량이 부족한 것을 너그럽게 받아 주지 않는다. 아이들은 종종 마르코 때문에 졌다거나 마르코가 자기 팀이 아니었으면 좋겠다는 말을 하곤 한다.

마르코의 부모는 같은 팀 아이의 부모 몇 사람과 의논해서 문제를 해결했다. 가끔 우리는 부모로서 아이 문제에 개입해 아이들을 도와줄 때가 있다. 실제로 마르코의 부모처럼 다른 아이들의 부모에게 아이의 문제에 대해 언급함으로써 그 아이들의 행동을 저지시킬 수 있다. 마르코의 부모는 또 아들에게 계속 연습해야 한다는 것과 친구들의 놀림을 농담으로 받아넘길 수 있다는 것을 가르쳐 주어야 한다. 아무리 마음에 상처가 되는 말을 퍼부어도 그것이 마르코를 주눅들게 하지 않는다는 것을 알고 나면, 아이들은 더 이상 그런 행동을 하지 않을 것이다. 마르코의 부모는 아들에게 훗날 너의 실력이 좋아지더라도 너보다 못하는 아이를 놀려 주어서는 안 된다는 점도 일깨워 주어야 한다. 아이들이 알아야 할 매우 중요한 규칙 가운데 하나는 훌륭한 선수이면서 훌륭한 팀원이 되어야 한다는 것이다.

일방적인 행동은 친구들과 멀어지게 한다

우리는 사람들과 협력하는 방법을 충분히 배우고 태어나지 않는다. 부모가 아이에게 친구들과 협력하는 방법을 가르쳐야 한다. 팀 안에서 효율적으로 협력이 이루어지는 데 필요한 기술은 학교를 넘어, 한 사람에게 평생 동안 필요한 기술이다. 우리는 결혼생활과 직장생활, 친구 관계 등에서 긍정적인 결과와 만족을 얻기 위해 협력하는 방법을 배우고, 존중과 배려가 무엇인지를 진정으로 이해해야 한다. 모든 것이 당신을 위해 존재할 수는 없다. 하루 종일 자기 이야기만 하는 사람에게 귀 기울이고 싶어 하는 사람은 없다. 끊임없이 남의 시선을 끌려고 하거나 주목받기 위해 애를 쓰는 사람에게 매력을 느끼는 사람도 없다. 팀의 일원이 되어 느낀 영광과 좌절은 누구에게나 잊지 못할 경험이 된다. 팀을 위해 최선을 다하고, 다른 사람들과 뜻을 모으게 된다. 그것이 바로 협력을 유지하는 데 필요한 것들이다. 당신은 팀워크를 무엇이라고 정의하는가? 당신은 팀에 협력하는 사람이 되는 법, 다른 사람들과 친하게 되는 법, 공동의 목표를 위해 노력하는 법에 대해 모범을 보여 주고 있는가?

아이의 교육에 대해 말하자면, 당신은 교사와 교육행정가, 그리고 부모인 당신으로 구성된 팀에서 일하고 있다. 당신은 아이의 담임이 어떤 사람인지 알아보기 위해 시간을 들인 적이 있는가? 당신은 또 교장이 어떤 사람인지 알아보기 위해 시간을 들인 적이 있는가? 당신은 팀에 기여하고 있는가? 당신은 아이의 담임과 정기적으로 만나는가? 당신은 적극적으로 학교 행사에 참여하는가? 당신은 아이가 배우는 교과 과정에 대해 알고 있는가? 당신은 아이에 대한 평가를 이해하는가? 그리고 아이의 교육에서 발생한 틈을 메우는 방법을 알고 있는가? 당신은 아이가 학교생활을 얼마나 잘하는지 자세히 알고 있는가? 가정과 학교는 서로 관계가 있으며, 우리는 이 관계를 주의 깊게 살펴보아야 한다. 당신의 아이는 학교생활에 적응하기 위해 자신이 팀원으로서 어떤 역할을 해야 하는지에 대해 이해하고 있는가? 당신은 아이에게 '나'가 아닌 '우리'라고 생각하는 것을 어떻게 가르치는가? 이것은 어쩌면 당신이 생각하는 것보다 쉬운 일일 수도 있다.

당신은 아이에게 팀이란 공통의 목표를 공유하는 사람들의 집단으로서, 목표를 성취하기 위해 함께 협력할 필요가 있다고 설명해 주어야 한다. 밴드는 구성원 모두가 협력해서 자신의 역할을 다하지 않으면 공연을 하지 못한다. 우리는 아이에게 혼자서 모든 것을 해내기란 거의 불가능하며, 팀이 노력하는 범위 안에서 자신의 재능과 능력을 발휘해야 할 때가 많다는 것을 가르쳐 주어야 한다. 팀을 위해 아이는 다른 아이들과 협력하고, 그들을 믿는 법을 배워야 한다. 또한 스스로도 사람들에게 믿을 수 있는 사람이 되어야 한다. 믿음을 주지 못하고 아이들을 실망하게 만들면 그 관계는 오래 유지될 수 없다. 아이들은 팀원으로 선발되지 못하면 크게 실망할 수 있다. 또한 맨 마지막에 팀원으로 선발되면 그만큼 기분이 좋지 않을 것이다. 당신의 아이가 어떤 특정한 성격을 드러내기 때문에 맨 마지막으로 팀원이 되거나 팀원이 되지 못하는 것은 절대 아니다. 그렇다면 어린이들이 기존의 팀에 선발되지 못하는 까닭은 무엇인가? 그 이유는 단순하다. 그것은 다른 아이들에 대해서 아무것도 모르기 때문이다. 당신이 해야 할 중요한 일은 아이가 참여하는 활동에서 친구를 사귈 수 있도록 도와주는 것이다.

어떤 아이가 독단적일 경우, 아이들은 그 아이와 한 팀이 되지 않으려고 한다. 그 아이 혼자 모든 결정을 내리고, 자신들의 의견을 무시할 것이라고 생각하기 때문이다. 당신은 아이에게 반드시 사람들의 의견을 존중하고, 사람들의 의견을 묻고 결정해야 한다고 가르쳐야 한다. 이따금 누군가에게 무엇을 하라는 지시를 듣거나 일방적인 명령을 받는 것은 크게 문제가 되지 않는다. 하지만 그와 같은 일이 반복되면 당신은 결국 그와 한 팀이 되는 것을 피하려고 할 것이다.

타협할 줄 알아야 한다

아이들은 아직 다른 사람의 감정과 욕구를 이해하는데 서툴 수 있다.

그렇기 때문에 당신은 아이가 가슴으로 느낄 수 있는 기회를 제공해 주어야 한다. 당신이 항상 다른 사람들의 생각을 고려하고 있다는 것을 아이들이 느낄 수 있게 해주어야 한다. 서로의 감정과 욕구에 대한 이해가 마련된다면, 자발적인 타협이 이루어질 수 있을 것이다. 우리는 부모로서 타협하는 데 익숙하다. 우리는 아이와의 관계에서 보통은 우리 자신의 감정이나 욕구의 일부를 희생해야 할 때가 많다. 녹초가 되었을 때조차도 우리는 여전히 아이들을 돌본다. 우리가 배고프지 않다고 해서 아이에게 식사를 챙겨 주지 않겠다는 결정을 내리지는 않는다.

타협이란 무엇인지 아이와 이야기를 나누고, 우리 모두 매일 타협하며 살아가고 있다고 말해 주어야 한다. 타협은 어느 때는 이롭게 작용해서 즐거움을 주기도 하고, 반대로 실망을 주기도 한다는 것을 아이가 이해해야 한다. 당신은 협력하면서 다른 사람의 의견을 존중하는 법을 어떻게 하면 아이에게 가르칠 수 있을지 고민에 빠졌을 것이다. 일단 고민을 멈춰라. 아이에게 이해시킬 일을 당신이 몸소 실천해 보이는 것이 먼저다. 적절하게 경험이 쌓이면, 그땐 당신이 다른 사람을 위해 희생했던 경험을 검토해야 한다. 특정 문제를 당신의 방식으로 정리할 기회가 오면, 그 기회를 이용하는 것이 좋다. 이때는 다음과 같은 방식으로 말하도록 노력해야 한다. "지난주에 엄마도 친구들을 만나고 싶었지만, 너희 이모에게 양보하고 내가 너희 사촌들을 돌봐 주었어. 이번 주에는 내가 영화를 보러 가는 동안, 너희 이모가 너희들을 돌봐 줄 거야."

당신에게는 뛰어난 아이디어를 가지고 있으면서도 실천에 옮기지 않는 아이가 있을 수도 있고, 또 그런 어린이를 만날 수도 있다. 당신은 아이에게 그런 태도는 다른 사람을 매우 불편하게 하며, 생각하는 것만으로 충분하지 않다는 것을 설명해 주어야 한다. 또한 아이가 자신의 생각을 실천에 옮기도록 도와주어야 한다. 아이와 머리를 맞대고 사람들의 행동이 거슬렸던 적 있는지 이야기해 보자. 당신이 아이에게 그러한 행동을 느낀 적 있다면, 자연스럽게 이야기해 주어도 좋을 것이다. 아이와 공유하는 것이 바람직하다.

가족은 구성원 모두의 행복과 성공이라는 공통의 목표를 위해 협력하는 하나의 팀으로서 훌륭한 모델이 될 수 있다. 우리는 아이에게 자발적인 타협을 가르쳐야 한다. 매일, 매순간이 가족 구성원 모두에게 즐겁고 만족스러울 수는 없기 때문이다. 아이들은 종종 자신보다 나이가 많은 아이들의 일에 끌려들곤 한다. 나이 많은 형제에게 숙제가 있거나 어딘가에 가야 할 일이 생기면, 나이 어린 아이의 놀이 시간이 줄어들곤 한다. 가족 가운에 어느 한 사람이 모든 일을 결정해서는 안 된다. 시간이 걸리더라도 서로의 생각을 충분히 이해하고, 그 과정에서 타협이 이루어질 수 있도록 해야 한다.

아이를 목욕시키고, 밥을 먹이고, 다음날을 위해 깨끗한 옷을 준비하고, 숙제와 공부를 시키던 밤들을 생각하기 바란다. 이러한 행동은 팀워크의 좋은 예가 된다. 당신의 아이는 팀의 성공과 실패를 좌우할 본질적인 팀원이다. 당신의 아이가 가정에서 보이는 생활 태도는 학교와 조직 활동에 직접적인 영향을 미친다. 당신이 실제로 그러한 문제를 고려한다면, 하루하루 한 아이 혹은 여러 아이의 부모 역할을 하는 것은 전략적인 계획이 필요하다. 조직적으로 행하는 운동과 달리, 우리는 연습을 하지 않으며 계획을 가지고 있지도 않다. 실제로 우리는 적자생존에 의지하는 경우가 많다. 아이들이 다른 사람과 사이좋게 지내기를 바란다면, 우리는 아이들이 먼저 가정에서 잘 지내도록 도와주어야 한다.

아이가 학교에서 좋은 성적을 받는 등 축하할 일들이 매일 일어나지는 않는다. 오히려 당신은 날마다 반복되는 일상적인 일을 처리하며 지낸다. 때로는 아이가 거짓말을 하거나 병이 나기도 하며, 계획했던 행사가 연기되어 그 뒤처리를 하기도 한다. 우리는 이렇게 문제가 생길 경우, 가족으로서 그것을 극복하기 위해 노력해야 한다. 당신이 스트레스를 받거나 기분이 바뀔 때마다 냉정함을 잃는다면, 아이는 분명 집 안팎에서 당신의 모습을 그대로 닮아 갈 것이다. 일상생활에서 아이가 자신이 하고 싶은 것을 하지 못하는 일은 자주 벌어진다. 그런 이유로 아이가 좌절하거나 포기하게 만들어서는 안 된다.

아이와 함께 대화하며 점검할 내용

■ 엄마, 아빠에게는 네가 최고야. 그러나 다른 아이들과 팀을 이룰 때는 모든 사람이 최고가 될 수 있어.

■ 경쟁을 하게 되면, 한 팀만 승자가 되는 법이야. 때로는 한 사람이 승자가 되고, 또 어느 때는 여러 사람이 승자가 되기도 하지. 네가 승자가 되는 날도 있겠지만, 네 존재가 드러나지 않는 날도 있을 거야. 처음에 성공하지 못하더라도, 계속 도전해 보는 것이 중요해.

■ 스포츠에는 질투심이 차지할 자리가 없어. 언젠가는 너에게 네가 만들지 못하는 팀을 만드는 친구가 생길 거야. 그럼 넌 실망하게 되겠지. 그래도 괜찮아. 그건 당연한 일이니까. 그렇지만 넌 그 친구에게 네가 협력할 것이고, 그 친구 때문에 행복을 느낀다는 것을 분명하게 말해 주어야 해. 언젠가는 네가 그것을 이룬 유일한 사람이 되고, 진정한 친구의 존재는 잊히는 자리에 서게 될 날이 올 수도 있을 거야. 그럴 때는 그 사람을 응원하고 위로해 줘야 해. 네가 무엇의 일부가 되지 못한다고 해서 비겁하게 행동하지 말고, 또 원하는 것을 이루었다고 해서 잘난 체하거나 거만하게 행동해서는 안 된다는 거야.

 베풀 줄 알아야 한다

학교생활에 잘 적응하는 아이로 키우려면, 아이의 자존감을 세워 주어야 한다. 아이들과 사이좋게 지내려면, 아이는 먼저 자기 자신에게 만족감을 느껴야 한다. 자신이 대접받기를 원하는 만큼 다른 사람을 대접하는 것은 자기 자신에게 만족감을 느끼는 것에서 출발한다.

아이는 모르고 있다

열세 살 헨리는 학교에서 돌아와 새로 사귄 친구와 친구와의 점심시간
에 대해 이야기한다. 헨리는 점심시간이 제일 좋다고 한다. "우리는 웃
음을 멈출 수가 없어요. 웃느라 점심을 다 먹지도 못했어요." 뭐가 그렇
게 재미있었느냐고 묻자 "어떤 이상한 녀석을 보고 웃었어요"라고 대
답한다. 당황해하는 엄마에게 헨리는 "엄마, 걱정하지 말아요. 그 녀석
은 우리가 자기를 보고 웃는다는 걸 알아요"라고 말한다.

우리는 갈수록 난폭하고 거칠어지고 있다. 사람들은 그러한 현상에 무감각해지는 듯하다. 학교에서는 왕따가, 집에서는 가정폭력이 빈번해지고 있다. 그래서 우리는 의식적으로 노력해야 한다. 아이가 친구들에게 친절하고 친구들의 마음을 헤아릴 수 있도록. 친구들과 어울리기 위해서 다른 아이를 괴롭히는 데 가담하는 것은 앞장서서 괴롭히는 것만큼이나 나쁜 행동이라는 것을 알아야 한다. 아이가 지속적으로 폭력에 노출된 나머지, 끝내 폭력적인 행동에 무감각해지는 사태를 예방할 수 있는 방법을 고민하는 것은 당신만이 아니다. 아이들 스스로 다른 사람의 입장에서 생각할 수 있어야 한다. 아이들은 자신이 하는 행동의 모든 면에서 옳고 그름의 차이를 알아야 한다.

일곱 살 메리는 오빠가 비디오게임 하는 것을 지켜본다. 비디오게임에서는 사람을 많이 죽일수록 높은 점수를 얻는다. 무심코 던진 돌멩이에 누군가가 맞는다면 사과를 하는 것이 당연하다. 만일, 메리가 그러한 행동을 비디오게임처럼 여겨 사과해야 한다는 것을 이해하지 못한다면 어떻게 해야 할까? 메리는 돌멩이를 던진 것에 대해 그리고 사람을 맞힌 일에 대해 꾸중을 들어야 한다. 한 번 생각없는 행동을 하게 되면, 또다시 그런 행동을 하게 될 수 있다.

아이가 다른 사람의 감정을 헤아릴 줄 아는 사람이 되도록 하는 데 있어 부모의 역할이 필수적이다. 아이에게 친절함의 모범을 보여 주고, 마음을 다친 친구들에게 마음을 베풀어야 한다는 것을 일깨워 주기 바란다. 바로 그것이 배려하는 아이로 키우는 첫 걸음이다. 아이들이 폭력적이거나 불친절한 행동을 할 때, 부모는 반드시 이를 바로잡아 주어야 한다. 또한 아이들이 친절한 행동을 할 때는 반드시 이를 칭찬해 주어야 한다. 부모는 아이들의 역할 모델이다.

부모가 하는 행동, 부모가 하는 말이 아이들에게 본보기가 된다. 아이에게 친절한 행동과 폭력적인 행동을 식별하는 데 필요한 감각을 심어 주어야 한다. 친절한 행동이 우선이라는 것을 몸소 보여 주면, 당신은 아이의 좋은 본보기가 될 것이다. 어떤 특정한 행동이나 비판으로 인해 마음에 상처를 입은 아이는 그에 따른 감정을 드러낼 가능성이 높다. 그럴 때는 시간을 내서 아이와 그 감정에 대해 이야기 나누기 바란다. 형제끼리 싸우다가 한 아이가 눈물을 흘리면, 다른 사람에게 아픔과 고통을 준 그런 행동에 대해 아이와 이야기 나누기 바란다. 사람은 몸이 아니라 마음이 아플 때도 소리내어 운다. 당신은 이 사실을 아이에게 설명해 주어야 한다. 사람은 육체적인 고통을 통해서만 아픔을 느끼지 않는다. 아픔은 불친절한 말과 행동, 농담을 통해서도 느낄 수 있다. 다시 한 번 말하지만, 다른 사람의 마음을 아프게 하는 행동에 가담하는 것은 앞장서서 그런 행동을 저지르는 것과 같다는 것을 아이에게 강조해야 한다. 교사들은 그런 행동에 가담하는 것이 어떤 의미인지에 대해 아이들과 토론해야 한다. 다른 학생이 적절치 못한 행동을 하는 현장에 어떤 학생이 함께 있다면, 이것은 사건을 보고도 모르는 체하는 것이다.

바람직한 행동을 가르쳐 주자

아홉 살 케빈과 일곱 살 마리가 자동차 뒷좌석에 앉아 끊임없이 싸우고 있다. 케빈이 마리를 괴롭히며 못살게 굴다가 마침내 서로 치고받는 지경에 이른다. 엄마와 아빠는 두 아이에게 계속 가만히 있으라고 주의를 준다. 그러면 몇 분 동안은 잠잠하다가 이내 다시 다투기 시작한다. 엄마는 다음엔 둘 중 한 사람을 집에 두고 올 것이라고 경고하지만, 행동에 옮기는 일은 없다.

당신은 아이가 바람직하게 행동하기를 바란다. 그런데 과연, 아이는 당신의 바람을 완전히 이해하고 있는가? 바람직하지 못한 행동을 보고 당신이 경고를 해도 아이가 이를 무시할 때가 있다. 그럴 때 당신은 아이가 경고에 주의를 기울이도록 적절한 조치를 취해야 한다. 당신이 나서서 과한 행동을 하지 않아도 아이에게 바람직한 행동을 충분히 요구할 수 있다. 아이에게 변함없는 사랑을 보여 줌으로써 그런 규칙을 지켜야 한다고 강력하게 주장할 수 있다.

당신이 어떤 행동을 좋아하고 또 좋아하지 않는지 아이가 알아야 한다. 아이를 대하는 행동을 통해서 당신은 친절함의 본보기가 되어야 하고, 그것을 가르쳐야 한다는 점을 명심해야 한다. 대부분의 부모는 아이들에게 만족하지 못한 순간을 경험한 적이 있다. 그럴 때는 마음의 평정을 잃고 흥분하기 쉽다. 호통을 치고, 소리를 지르고, 모욕을 주고 싶은 충동을 느낄 때도 있다. 그러한 경우에도 우리는 행동을 멈추고, 다시 한 번 생각해야 한다. 늘 업신여김을 당하는 아이는 다른 사람을 업신여기는 법을 배운다. 나 역시 한계를 넘어서고 싶은 마음이 들 때가 있었다. 그러나 내 아이들이 나쁜 짓을 저지르면, 나는 아이들을 호되게 나무라기 전에 숨을 깊이 들이마시고 열을 센다. 단호하고 분명하게, 그러나 측은지심을 가지고 아이를 야단쳐서 바로잡아 주어야 한다. 아이를 야단치는 것이, 아이로 하여금 죄책감을 느끼게 하거나 아이의 기분을 나쁘게 하려는 것이 아니라, 바람직하지 못한 행동을 줄이거나 없애기 위한 것임을 잊어서는 안 된다. 아이의 행동에 대응할 때는 아이가 다른 사람의 행동을 바로잡아 줄 때 사용하기를 바라는 마음으로 해야 한다. '네가 대접 받기 원하는 만큼 남을 대접하라' 라는 황금률을 기억하자.

학교가 적자생존의 본보기가 되어서는 안 된다. 학교에서 아이들은 모두 똑같이 존중받을 자격이 있으며, 아이들은 친절해야 하고 서로 사이좋게 지내야 한다. 이념적으로 보면 그것이 진리다. 그러나 현실은 그렇지 않다는 것을 우리는 잘 알고 있다. 세상에는 서로 다른 여러 모임과 단체가 있고, 그 안에는 서로 다른 아이들이 함께 모여 있다. 아이들이 점심시간과 쉬는 시간처럼, 학교 일과에서 규칙이 필요하지 않은 시간을 보낼 때 문제가 발생하는 경우가 종종 있다. 아이들은 그 시간을 재미있게 보내게 될 것인지 재미를 제공하는 대상이 될 것인지 결코 알지 못한다. 어떤 아이는 특정 집단의 일원이 되기 위해서 난폭한 행동에 동참하기도 한다. 그러므로 우리는 아이가 대접받기를 원하는 만큼 남을 대접하라고 가르쳐야 한다. 조롱거리가 되거나 무시를 당하는 것, 괴롭힘의 대상이 되는 것 등을 즐기는 아이는 없다. 당신이 아이에게 옳고 그른 것, 잔인함과 친절함을 구별할 수 있는 능력을 키워 주고 싶다면 반드시 가정에서부터 아이에게 적절한 교육을 실천하고, 감화를 주기 바란다. 그러면 아이는 친구들의 괴롭힘에 당당히 맞설 수 있고, 한편으론 너그럽고 친절한 마음으로 친구들을 대할 수 있다.

훈계하지 말고 보여 주자

바바라는 두 아이에게 말과 행동을 반듯하게 하라고 이야기한다. 실제로 예의범절에 관한 책을 한 권도 빼 놓지 않고 구입했을 정도다. 그런데 아이들이 예의에 어긋나는 행동을 할 경우에는, 걸핏하면 목소리를 높이고 아이들이 싫어하는 말을 사용하기도 한다. 이것은 바람직한 본보기를 보여 주는 행동이 아니다. 행동을 취하려고 할 때, 아이들은 부모를 쳐다본다. 부모의 행동이 말보다 더 큰 영향을 미치는 법이다. 듣기 싫은 소리를 하지 않으면, 우리 기분도 한결 좋아진다. 더 나아가 나중에 후회를 하거나 사과할 필요도 없다. 부모들은 눈코 뜰 사이 없이 바쁘다. 주중에는 직장생활과 집안일, 그리고 여러 가지 해야 할 일을 처리하느라 어려움을 겪을 때가 많다. 그래서 아이와 자원봉사나 구호활동 등에 참여할 시간이 없을지도 모른다. 그러나 대부분의 부모들은 가정 안팎에서 가족들을 위해 할 수 있는 기분좋은 일들을 찾아낼 수 있다. 그렇게 사랑으로 키운 아이는 정서적으로 더 안정되기 마련이다.

여기, 부모와 아이 모두에게 본보기가 될 수 있는 몇 가지 아이디어가
있다.

- 아이와 함께 책을 읽는다
- 이웃을 함께 도와준다.
- 멀리 사는 할머니와 할아버지 또는 친척에게 편지를 쓴다.
- 아이와 이야기하면서 괴롭힘 당하는 아이의 편을 들어준다.
- 좋은 일을 한 사람을 칭찬한다.
- 아이에게 보여 주고 싶지 않은 텔레비전 프로그램을 조사한다.

자존감을 높여 주자

학교생활에 잘 적응하는 아이로 키우려면, 아이의 자존감을 세워 주어
야 한다. 아이들과 사이좋게 지내려면, 아이는 먼저 자기 자신에게 만
족감을 느껴야 한다. 자신이 대접받기를 원하는 만큼 다른 사람을 대접
하는 것은 자기 자신에게 만족감을 느끼는 것에서 출발한다. 자존감은
자기를 존중하는 마음이다. 어린이들은 다른 사람이 자기를 사랑하고
존중해 주는 것을 보면서 자기 자신을 사랑하고 존중하는 법을 배운다.
그렇기 때문에 당신이 스트레스를 받거나 지극히 실망스러울 때에도,

절대 아이의 기를 죽이지 말아야 한다. 그렇게 함으로써 당신은 아이들이 다른 사람들을 대하는 방법을 습득하는 데 도움을 줄 것이다.

당신의 목적은 아이가 긍정적인 선택을 하게 함으로써 친구를 사귈 수 있도록 해주는 것이다. 품위 없고 무례한 사람을 좋아하는 사람은 아무도 없다. 당신은 아이가 따라 해서는 안 될 행동의 본보기가 되어서는 안 된다. 아이의 관심사에 귀 기울여 아이가 자신에 대해 만족감을 높이도록 도와주어야 한다. 당신이 어린 시절 가졌던 고민거리를 아이에게 이야기해 주는 것도 좋을 것이다. 아이와 친구처럼 지내는 데 도움이 된다. 아이들은 자기 자신을 존중해야 한다. 다른 사람으로부터 멸시나 괴롭힘을 당했을 때 무조건 참고 받아들여서는 안 되며, 그것을 거부하는 법을 배울 필요가 있다. 칭찬과 꾸지람은 보조를 같이 한다. 부모라면 항상 아이에게 벌을 줄 수 있어야 한다. 다만 벌을 주는 방법에 따라서 아이가 다른 사람들뿐만 아니라 당신을 존중하는 태도가 결정될 것이다.

아이가 부모의 말을 귀담아 듣지 않거나 부모의 요구에 반응을 보이지 않을 때가 있다. 그럴 때에는 아이가 누릴 특권이나 즐거운 활동을 뒤로 미룸으로써 의사존중을 배우게 하라. 당신이 듣고 싶은 말투로 아이에게 이야기하고, 아이가 당신에게 이야기할 때는 귀담아 들어야 한다. 존중받는 법을 가르치겠다는 목적으로 아이를 비판하는 일은 피해야 한다. 아이가 실수를 했을 때는 관대하게 바라보고, 올바르게 행한 일에는 최대한 기뻐해야 한다. 아이가 긍정적인 행동을 할 때는 그것을 높이 평가하고 칭찬해 주어야 한다. 아이가 발전하는 모습을 보일 때는 그것을 인정하되, 완벽함을 요구하지 말아야 한다. 당신은 아이가 균형 잡힌 교육을 받음으로써, 어느 한쪽으로 치우치지 않는 사람으로 키우고 싶을 것이다. 그러기 위해서는 아이가 자신의 능력이 허락하는 한 최고의 존재로 느낄 수 있도록 도와주는 것이 중요하다.

남을 괴롭히는 아이로 키우지 말자

여덟 살 마이클은 학교에서 보내는 시간 중, 점심을 먹고 난 뒤의 쉬는 시간을 좋아한다. 마이클은 대다수의 남자아이처럼 쉬는 시간에 운동을 하는 법이 결코 없다. 대신 그림을 그리며 시간을 보낸다. 마이클에게 그림은 즐거움을 준다. 축구나 공을 주고받는 놀이는 마이클에게 즐거움을 주지 못한다. 마이클의 부모는 아들이 왕따의 희생자라는 사실조차 명확히 이해하고 있지 못하다. 그들은 마이클에게 도움을 줄 수 있을까?

메리는 말 타는 것을 좋아한다. 초등학교 다닐 때 메리는 청바지와 말 그림이 있는 티셔츠 차림으로 등교하는 보기 드문 학생이었다. 중학교 다닐 때 메리는 사내아이라 놀림 당하고, 같은 반 여자아이들에게 괴롭힘을 당했다. 메리는 누구에게나 자기 남자친구는 말이라고 말한다. 여자아이들은 메리가 입은 셔츠의 뒷부분을 만지며, 메리가 브래지어를 하지 않았다고 놀린다. 중학교에 올라갈 때까지 메리에게는 브래지어가 필요없었다. 메리는 중학교 시절의 대부분을 난처한 꼴을 당하지 않기 위해서 자기를 '못살게 구는 여자아이들' 집단을 피하며 보낸다.

메리의 엄마는 메리에게 끊임없이 '너는 훌륭한 학생이고, 그 여자아이들은 네가 멋진 취미를 가지고 있기 때문에 질투하는 것일 뿐' 이라는 사실을 상기시켰다. 메리는 오후 시간을 슬픈 기분으로 보낼 때가 많지만 다행스럽게도 메리의 엄마에게는 메리가 자신을 극복하도록 도와주는 마법의 언어가 있다. 엄마는 메리에게 "아이들이 놀리거든 가볍게 웃어넘기고, 넌 아무렇지도 않다는 듯이 행동해!" 라고 말한다. 다행히도 이런 시간은 금방 지나간다. 학년이 올라갈수록 자연스럽게 행동하며 학교생활을 즐겁게 보낼 수 있다.

나는 공립학교와 사립학교에서 교사이자 교육행정가로서 그리고 대학의 교수로서 전국의 교육행정가들과 많은 대화를 나눌 수 있었다. 나는 교육 현장에서 거의 모든 유형의 따돌림을 직접 체험했으며, 괴롭힘과 왕따를 당하는 다양한 아이들을 직접 만났다. 그리고 부모와 교사, 학교를 통해서 적절한 치료를 받으면 대부분의 아이들이 스스로 극복한다는 것을 알게 되었다. 엄마로서 내게도 아이들이 친구들의 놀림 때문에, 또 친구들과 문제가 생겨서 우울한 기분으로 집에 돌아오는 일을 겪어야 할 때가 있다. 그래서 나는 친구를 괴롭히는 아이와 괴롭힘을 당하는 아이 모두에게 공통적으로 나타나는 특징에 대해 주목하기 시작했다. 이런 특징들을 공유하려는 이유는 아이들이 따돌림 당하지 않고 학교에서 자신의 잠재능력을 향상시킬 수 있도록 도움을 주려는 부모들의 고민을 덜어 주고 싶은 희망 때문이다. 여러 해 동안 나는 아이들의 성취에 도움을 주는 다양한 방법에 대해 끊임없이 생각해 왔다. 그리고 그 방법들 중 대부분은 실천하기 쉬움에도 불구하고, 교사나 부모들이 그것을 제대로 실천하지 못한다는 사실을 알게 되었다.

　여러 해 동안 계속해서 부모들과 전화 통화를 하거나 직접 만나 따돌림 문제를 논의해 왔다. 이러한 논의들은 특별한 교육 방법과 토론을 통해서 어떻게 하면 이 문제를 예방하고 근절할 수 있는지, 또한 그것을 어떻게 실천해 왔는지를 명백하게 보여준다. 우리 생활 어디에나 위험을 알리는 경고 신호들이 있다. 불행하게도 학교에서 일어나는 왕따와 괴롭힘이 문제가 되는 사례를 보면, 감정적인 상처가 겉으로 드러날 때까지 분명한 신호를 관찰할 수 없는 경우가 많다. 오늘날 학교에서 따돌림은 많은 아이들에게 고통을 주고 있다. 그러므로 부모들은 예상되는 사태를 알아야 하고, 아이가 스스로를 보호할 수 있는 방법을 알고 있어야 한다. 그것은 의무이기도 하다. 불행하게도 언론에 대서특필되는 폭력적이고 믿을 수 없는 일들이 행동으로 이어질 때까지, 우리는 그것에 대해 이야기만 나눌 뿐이다.

아이를 위축시키는 것은 물론, 자기 자신과 자신의 능력에 대한 확신이나 믿음을 잃어버리게 만드는 것은 무엇인가? 학교에 광범위하게 퍼지고 있는, 보이지 않는 전염병이 있다. 바로 '왕따' 이다. 아이들과 부모들, 교사들은 지금 이 해로운 전염병에 대한 정보를 찾고 있으며 도움을 구하는 중이다. 어떤 아이들은 왕따 문제를 잘 극복한다. 반면 어떤 아이들은 왕따 문제로 우울증과 절망감, 고립 상태에 빠진다. 이유가 뭘까? 왜 이에 대한 논의가 이루어지지 않고 있으며, 아이들에게 왕따 문제에서 벗어날 힘이 주어지지 않는 것일까? 왜 아이들은 자신의 경험과 고민을 부모나 교사들과 나누려 하지 않고 말 없이 고통을 받아들이려고 하는가? 이와 같은 아이들의 행동을 멈추게 하는 유일한 방법은 그것을 인정하고, 그것에 대해 토론하고, 그것에 맞서서 극복하는 것이다. 이제부터 나는 왕따 문제를 해결하기 위한 정보를 제공할 것이다.

부모와 교사의 반성

■ '대접받고 싶은 만큼 다른 사람들을 대접하라'라는 황금률의 본보기를 어느 정도 실천하고 있는지 확인해 보자.

■ 가족 토론이나 학급 토론에서 너그러움과 친절에 관한 대화를 나누고 있는가?

■ 사람들이 좋지 않게 평가하는 행동을 내가 하고 있는 것은 아닌가?

■ 아이의 친구들에 대해서 얼마나 잘 알고 있는가?

■ 아이의 사회적 욕구를 이해하기 위해서 충분한 시간을 사용하고 있는가?

■ 나는 부모 혹은 교사로서 적절한 역할 모델의 의무를 끝까지 다하고 있는가?

대화를 촉진하는 법

■ 당신의 아이가 작은 집단의 아이들과 함께 앉아서, 다시 되풀이 되지 않기 바라는 놀림을 받았던 일이 있는지 물어보기 바란다.

 # 약한 사람을 괴롭히지 말아야 한다

왕따는 어린 시절에 겪는 일반적인 갈등의 일부가 결코 아니다. 왕따를 그런 식으로 가볍게 넘겨서는 안 된다. 왕따는 괴롭힘과 놀림이 서로 간에 오고 가지 않을 때 발생하게 된다. 다른 사람의 자존감을 깎아내리는 행동이 일방적으로 진행될 경우에 왕따가 발생한다는 의미다.

왜 왕따가 되는가

외롭지 않은 아이, 고통받지 않는 아이를 위해, 부모는 왕따에 대해 알고 있어야 한다. 왕따라는 것이 무엇을 의미하며, 언제 발생하는지를 반드시 알아 두어야 한다. 학교가 싫거나 친구가 없다거나 하는 걱정스런 말들을 제쳐 두고라도, 아이들은 숙제와 시험 외에 이런저런 일만으로도 너무 벅차다. 아이가 집 밖으로 나가길 꺼리고, 의기소침해 보일 때가 종종 있는데도 무엇이 잘못되었는지 파악하지 못하고 있다면, 당신의 아이를 왕따가 되도록 방치해 두는 것이다. 그와 같은 상황을 알아야 하는 이유는, 아이에게 혼자가 아니라는 사실을 깨닫게 해주기 위해서다. 부모가 아이의 사회적 행복을 염려하고, 아이가 왕따를 당할지도 모른다고 두려워하는 모습을 흔히 볼 수 있다. 우리 아이들에게 왕따 행위가 벌어지고 있는 것은 분명하지만, 우리 부모들은 충분히 그것을 예방하고 멈추게 할 수 있다는 것을 잊어서는 안 된다.

요즘에는 유치원에 다니는 아이들도 같은 반 아이들에게 놀림을 당하고 마음이 상해서 집에 돌아온다. 오늘날 학교는 배움의 장소 그 이상의 것이기도 하지만 난폭한 사건과 언어가 어린이의 자존심에 상처를 남길 수 있는 사회화의 장소이기도 하다. 오늘날 학교생활의 성과는 단지 성적에만 있지 않다. 아이들이 학교생활에 만족하기 위해서 부모들은 아이의 성적뿐 아니라 친구 관계에도 관심을 기울여야 한다. 아이가 학교에서 울며 집으로 돌아온다면, 아이뿐만 아니라 당신에게도 걱정스럽고 충격적인 일이 된다. 우리는 부모로서 아이에게 행복하고 만족스런 삶을 살기 위한 모든 기회를 만들어 주기 위해 최선을 다해야 한다. 당신은 아이가 학교생활에 적응하고, 교육의 모든 측면을 즐길 수 있도록 도와줄 수 있다. 나는 그 사실에 대해 당신이 확신을 갖도록 도와주고 싶다.

나는 이제부터 왕따가 어떻게 발생하며, 그 이유는 무엇인지, 어떻게 하면 왕따를 예방할 수 있는지에 대해 말하려고 한다. 이 글을 읽는 동안 당신은 왕따에 대해, 왕따 문제로부터 당신의 아이를 보호하는 방법에 대해 더 많이 이해하게 될 것이다. 아이들끼리 서로 괴롭히고 놀리는 일은 지나칠 정도로 자주 벌어진다. 아이가 따돌림 당하고 있다는 사실을 알게 되었을 때 부모는 막막한 기분이 들고, 대체 어떻게 해야 아이가 이러한 상황들을 풀어 갈 수 있는지 모를 때가 많다. 더 심각한 것은 아이들이 괴롭힘을 당하면 그것으로 인해서 성적이 떨어지고, 적절치 못한 행동을 저지르는 등 바람직하지 못한 결과로 이어진다는 것이다. 게다가 그때까지도 부모들이 그러한 사실을 모르는 경우가 많다는 것은 우려하지 않을 수 없다.

당신은 부모로서 왕따의 징후와 그것에 대처하는 방법을 알고 있어야 한다. 당신이 왕따를 경험한 적이 있든, 당신의 아이가 지금 왕따를 당하고 있든, 당신이 지금 왕따에 대한 정보를 찾고 있든 당신은 혼자가 아니라는 사실을 알아 두기 바란다. 당신은 왕따에는 많은 유형과 형태가 있다는 사실을 알고 있어야 한다. 이 장의 마지막 부분에 이르면 당신은 아이의 멍든 눈 뒤에서 왕따가 자행되고 있다는 사실을 틀림없이 확신할 수 있을 것이다. 교사들은 부모의 눈과 귀가 되어야 한다. 왕따 문제는 대부분 학교에서 일어나고 있으며, 교사들은 부모와 학교의 교육행정가들이 학교에서 벌어지는 상황에 대한 정보를 얻는 데 도움을 줄 수 있다. 괴롭힘과 왕따에 관한 몇 가지 유형의 시나리오를 소개하겠다.

열세 살 타티아나는 친구 모임에서 쫓겨났다. 타티아나는 일주일 내내 눈물로 지낸다. 타티아나는 또래들에게 무시당할까 봐 학교에 가는 것을 두려워할 때가 많다. 아이들이 자기를 빤히 쳐다보거나 노려볼 때, 등 뒤에서 낄낄대고 웃을 때마다 타티아나는 자신감과 학교생활의 즐거움을 잃어버린다. 또한 시간이 흐를수록 불안감이 커지고 있다.

아홉 살 셸리는 처음으로 안경을 썼다. 분홍색 안경이 너무나 마음에 든 셸리는 안경을 쓰고 학교에 가면서 매우 흥분했다. 그러나 몇몇 학생이 '네눈박이'라며 놀렸다. 안경을 쓴 모습이 마치 곤충 같다고 말하는 것을 듣는 순간 셸리는 분홍색 안경에 대한 흥분이 사라졌다. 어느 날, 한 남자아이가 잠시 벗어 둔 안경을 책상에서 치우더니 발로 짓밟았다.

여덟 살인 켈리는 학교에 갈 때 신으려고 자줏빛 나비와 반짝이가 달린 운동화를 샀다. 켈리는 그 운동화가 정말 멋지다고 생각했다. 하지만 켈리와 같은 반'여자아이들은 신발에 나비가 달린 아이는 쉬는 시간에 함께 놀 수 없다고 결정했다. 이튿날 켈리는 그 신발을 신지 않았지만, 여전히 여자아이들의 놀이에 끼지 못했다. 여자아이들이 새롭게 내세운 이유는 머리를 땋은 아이하고는 같이 놀지 않는다는 것이었다. 켈리를 따돌리기 위한 핑계가 매일 하나씩 늘어났다.

오늘날 부모들은 아이를 키우는 일로 몸과 마음이 지칠 때가 많다. 양육에는 아이가 어른으로 성장하도록 사랑하고, 영양을 공급하고, 교육하는 것 이상의 많은 것이 포함된다. 아이의 성장과 발달을 돕기 위해 부모는 우리를 둘러싼 세계와 팍팍한 현실, 그리고 일부 사람들이 드러내는 거칠고 잔인한 행동들을 파악해야만 한다. 아이들로 하여금 미래를 준비하게 한다는 것은 그들이 지적, 사회적, 정신적, 육체적으로 성장하는 것을 돕는다는 의미다. 아이들이 학교에서 보내는 시간은 그들이 깨어 있는 시간의 대부분을 차지할 뿐 아니라, 그들의 개성과 신뢰 그리고 노력의 많은 부분을 결정한다.

학교에서 발생하는 폭력이나 무기와 관련된 심각한 사건들에 대해 사람들은 많은 주의를 기울인다. 다행스럽게도 대부분의 아이는 매일 그런 사건들과 마주치지는 않는다. 그러나 많은 아이들이 정기적으로 왕따와 학교폭력에 시달리고 있다. 보고에 의하면 네 명 가운데 한 명이 매일 왕따를 당하고 있다고 한다. 왕따라고 표현하는 괴롭힘과 조롱, 배척, 구타 등은 이런저런 형태로 너무나 흔히 일어나는 학교생활의 어두운 현실이다. 왕따는 전국적으로 나타나는 문제이며, 많은 학생들은 그것을 극복하는 데 어려움을 겪는다. 왕따에 노출된 아이들은 잦은 결석, 성적 하락, 폭력적인 행동, 자존감 상실과 같은 후유증을 앓는다. 약자를 괴롭히는 가해자와 괴롭힘을 당하는 희생자 모두에게는 어른들의 도움과 이해가 필요하기 때문에, 부모와 학교는 물론 지역사회가 나서야 한다. 다른 사람을 괴롭힐 권리는 어느 누구에게도 없다. 학교가 고통을 주는 곳이 되어서는 안 된다.

당신은 때로 눈물 흘리고 투덜거리기도 하면서 어울려 노는 것이 정상적이고 당연한 것처럼 여기던 어린 시절을 기억할지 모른다. 그러나 오늘날 왕따 문제는 우리 부모 세대가 겪었던 정상적인 교우 관계에서 벌어지는 일들이 아니다. 게다가 왕따는 부모와 학교가 알지 못하는 상태에서 벌어지는 경우가 대부분이다. 왕따에 관한 논의가 이루어지는 사례는 지극히 드물고, 왕따에 대한 규정이나 방침이 없는 학교도 있다. 왕따 문제를 다루는 경우에도 비효율적으로 접근하는 경우가 많으며, 예방책이 없기 때문에 가해자와 피해자가 모두 방치되는 결과를 초래하기도 한다. 아이들이 눈길 닿지 않는 곳으로 몸을 숨기고, 왕따 문제에 대해 논의하지 않는 이유는 바로, 어른들이 관심을 두지 않는 것에 있다.

어떻게 왕따를 확인할 수 있는가

왕따는 한 아이가 다른 아이를 놀리기 위해서 육체적으로 또는 정신적으로 괴롭히는 방법을 사용하는 행동 패턴이 일반적이다. 가해자는 보통 그러한 방법을 피해자의 약점을 찾는 것에서부터 시작한다. 독설은 사람의 분노를 자극한다. 그런데 독설을 제지하지 않고 그냥 내버려 두면, 피해 아동은 자신의 이미지를 조금씩 파괴하게 된다. 연구에 따르면, 많은 학생들이 왕따를 당하고 있으며, 만일 어떤 형태로든 조치를 취하지 않으면 앞으로도 계속 왕따를 당하게 된다고 한다. 일반적으로 왕따는 초등학교에서 학년이 올라갈수록 줄어드는 추세를 보인다. 그것은 그만큼 나이 어린 아이일수록 왕따에 노출되기 쉽다는 것이다.

왕따를 성장의 정상적인 한 과정으로 간주하는 사람이 있다. 왕따는 어린 시절에 겪는 일반적인 갈등의 일부가 결코 아니다. 왕따를 그런 식으로 가볍게 넘겨서는 안 된다. 왕따는 괴롭힘과 놀림이 서로 간에 오고 가지 않을 때 발생하게 된다. 다른 사람의 자존감을 깎아내리는 행동이 일방적으로 진행될 경우에 왕따가 발생한다는 의미다. 계속해서 한 아이를 향해서만 놀림이 가해진다는 것이다. 두 아이가 웃으면서 서로 놀림을 주고받는 것은 왕따가 아니다. 만일 어느 아이가 터무니없는 소리를 듣고도 그 아이에게 상응하는 말로 맞서지 않는다면, 그 관계는 평등하지 못할 가능성이 대단히 높다. 부모들은 이런 점을 인정해야 한다.

우리 모두 사내아이의 장난은 어쩔 수 없다는 말을 해본 적이 있을 것이다. 그 말이 사실일 때도 더러 있다. 두 아이가 누가 더 빠르다느니, 누가 더 힘이 세다느니 하며 쉬지 않고 서로 맞서 가며 상대를 놀린다. 이런 경우에는 간혹 감정이 상하기도 하겠지만, 둘 사이에는 아무런 문제가 없다. 조니가 닉에게 냄새가 난다고 하자, 닉이 조니에게 네 냄새처럼 고약하지는 않다고 말한다. 보기에는 어리석고 소란스럽겠지만, 이것은 아이들이 티격태격하면서 장난을 치는 일반적인 모습이다. 당신의 아이와 같은 반 아이들이 '친구'인지 '약자를 괴롭히는 아이'인지 알아내는 것은 당신이 생각하는 것처럼 그렇게 어렵지 않다. 당신은 아이에게 학교생활의 모든 면, 특히 점심시간과 쉬는 시간에 대해 물어보고, 계속해서 아이의 입에 오르내리는 아이들의 이름을 기억해야 한다. 아이가 어떤 아이의 이름을 언급할 때마다 두려움이나 분노를 드러내거나 당황한다면, 당신은 즉시 그 아이에 대한 정보를 알아내야 한다. 다른 한편으로 어떤 아이의 이름을 말할 때마다 아이가 재미있는 이야기를 하면서 미소를 짓는다면, 그 아이에 대한 정보도 알아내야 한다. 그렇게 함으로써 부모들은 부정적인 상황이 발생하기 전에 그에 관한 정보를 얻을 수 있다.

당신은 능력이 뛰어나지만, 사회성을 전혀 갖추지 못한 사람을 만난 적이 있을 것이다. 그런 유형의 사람과는 어울리는 것이 어렵기 때문에, 그들이 가진 지식에 상관없이 우리는 그들과의 만남을 피하게 된다. 다른 아이들과 함께 지내며 자신의 현재 모습에 자신감을 갖도록 아이를 가르치는 것은 왕따에 대한 저항력을 기르는 데 결정적인 역할을 한다. 자신의 현재 모습에 자신감을 갖는 것은 난폭하고 용납할 수 없는 행동을 저지르는 아이들을 피하는 데도 도움이 된다. 아이는 성장하면서 또래 아이들이 자기를 바라보는 데 맞춰 자기 자신을 바라보기 시작한다. 우리는 아이에게 그들이 얼마나 특별한 존재인지 말해 줄 수 있다. 하루에도 수백 번씩 사랑한다는 말을 해줄 수도 있다. 그러나 인생의 어떤 시점에 이르면 아이는 그런 소리를 다른 사람들에게, 특히 또래 아이들에게 듣고 싶어 한다.

왕따 문제의 심각성은 그것이 매우 다양한 형태로 일어난다는 데 있다. 우리는 현실적으로 왕따가 존재하고 있으며, 그것이 우리 아이들에게 고통을 준다는 사실을 알고 있다. 아이가 왕따라는 사실을 확인하고 문제를 해결하는 것이 간단한 일은 아니지만 우리는 반드시 그렇게 해야 한다. 불과 몇 년 전까지만 해도 아이들이 얼굴에 멍이 들어 집으로 돌아오면, 운동장에서 아이들끼리 싸웠다고 대수롭지 않게 말하곤 했다. 단순히 누구를 때리거나 점심을 빼앗아 먹거나 점심값을 빼앗는 행위가 왕따는 아니다. 왕따는 매우 신중하게 의도적으로 자행되는 경우가 많다. 그래서 많은 아이들은 자기가 고통을 겪는다는 것을 인정하면서도 그 이유를 이해하지 못하며, 심지어 그것을 자기 탓으로 돌릴 때도 많다.

우리 아이들은 때로 난폭하며 때로 남의 말을 쉽게 흘려 듣는다. 하지만 무엇이 친절하지 못한 행동이고, 왕따가 무엇인지, 용납할 수 없는 행동이 무엇인지 구분하는 기준을 가지고 있다. 때로는 신체적인 접촉 없이, 심지어는 대화가 오고 가지 않는 상태에서 왕따가 이루어지기도 한다. 그것에 대응할 수 있도록 아이를 이끌어 주어야 한다. 아이에게 질문을 해서 마음을 열게 하고, 아이를 괴롭히는 문제에 대해 충분이 이야기 나누어야 한다. 그리고 당신의 아이가 왕따에서 벗어날 수 있도록 끝까지 함께 해주어야 한다. 학교에서 벌어지는 일을 밝혀내는 데 필요한 직접적인 질문을 하기 머뭇거려질 때가 있을지도 모른다. 아이들이 왕따나 괴롭힘을 당하고 있는지 직접적으로 묻지 않고, 아이의 상태를 알 수 있는 몇 가지 질문이 있다. 이 질문들에 대한 아이들의 반응은 당신이 문제의 성격과 심각성을 판단하는 데 도움을 줄 것이다.

- 내일 친구들은 몇 명이나 초대할 거니?
- 학교에서 어떤 재미난 일이 있었니?
- 넌, 어떤 아이와 친해지고 싶니?
- 저녁 식사에 초대하고 싶은 아이가 누구니?
- 엄마는 어릴 적에 학교에서 괴롭힘을 당한 적이 있어.
너희 반에서도 그런 일이 있니?
- 너희 반에서 대장 노릇을 하는 아이는 누구니?
- 대장은 자기보다 약한 아이들과도 사이좋게 지내니?
- 너희 반에 혹시 혼자 다니는 아이가 있니?
- 오늘은 누구와 함께 집에 왔니?

중학교에 진학한 존은 교실을 이동해야 하는 것과 시험을 치르는 것에 대해 언제나 걱정한다. 존은 키도 크고 잘생겼으며, 공부도 잘하는 영리한 아이다. 존은 중학교 생활의 가장 힘든 부분이 각 수업 사이 10분 동안 쉬는 시간과 점심시간 40분 이라는 것을 깨닫게 되었다. 끔찍한 체육시간과 남자아이들의 탈의실은 더 말할 것도 없다. 존이 벗어 놓은 옷이나 신발이 사라졌고, 다른 아이들 앞에서 옷을 벗는 것도 괴롭고 짜증이 났다. 어느 날 야구장에 서 있는데, 존보다 나이가 많은 두 아이가 존의 셔츠를 잡아당겼다. 그 바람에 존은 그 자리에 속옷차림으로 서 있게 되었다. 그날 있었던 사건으로 존이 굴욕감과 수치심에 떨며 집에 오자, 존의 부모는 망연자실했다.

존의 부모는 즉시 조치를 취했다. 체육 교사에게 전화를 걸어 면담 시간을 잡았다. 그들은 고학년 남자아이들 한 무리가 저학년 학생을 괴롭힌다는 사실을 알아냈다. 체육 교사는 존이 봉변을 당한 사건에 대해 알게 되었고, 학교 당국은 연루된 학생들을 처벌했다. 존의 부모는 이 튿날 존에게 그가 지저분한 장난의 목표물이 되었으니, 정신을 바짝 차려서 자신을 보호해야 한다는 점을 상기시켰다. 존은 다른 학생들에게 용감하게 맞서고, 또 다른 '공격'을 예방하는 데 주의를 기울 수 있었다. 만일 존이 집에 와서 부모에게 자신의 문제에 대해 이야기하지 않았다면 어떻게 되었을까? 만일 사건이 확대되어 존이 앙갚음을 하고, 그 이유로 학교에서 처벌을 받았다면 어떻게 되었으까? 만일 그런 일이 계속 반복되어 존의 자존감이 바닥에 떨어지고, 학교생활에 대한 열의가 갈수록 시들해졌다면 어떻게 되었을까? 우리는 부모로서 아이들이 학교생활의 부정적인 측면도 이해하고 극복해 나가도록 도움을 주어야 한다. 우리가 아이들에게 건강한 분위기에서 공부할 수 있는 기회를 제공한다면, 아이들은 자기 자신에 만족해하며 스스로 성장할 것이다.

단짝 친구도 왕따의 가해자가 될 수 있다

왕따 문제는 아이와 절친한 친구들 사이에서 일어날 수도 있다는 것에 대해 언급해 둘 필요가 있다. 이러한 경우는 모든 아이들이 싫어하는 '학급의 무법자'에게 왕따를 당하는 것보다 더 해로운 영향을 끼칠 수 있다.

열한 살 크리스티아나와 로라는 가장 친한 친구 사이다. 둘은 서로에게 좋아하는 남자아이 이야기부터 형제들과 싸우고, 부모와 다툰 일까지 빠짐없이 이야기한다. 크리스티아나는 학교에서 다른 아이들이 로라만 알고 있는 정보를 가지고 자기를 놀리자 충격을 받았다. 어떤 아이는 "네가 릭을 좋아한다는 게 사실이니?"라며 놀렸다. 다른 아이는 "네

오빠는 코딱지를 네 물건 여기저기에 마구 문지른다며? 난 절대로 네 물건을 만지지 않을 거야!”라며 놀렸다. 크리스티아나는 격앙되고 슬픈 마음으로 집에 돌아와 엉엉 울었다.

크리스는 네 살 때부터 몸에 사마귀가 돋았다. 크리스의 엄마는 사마귀를 없애기 위해 약을 발라 준다. 크리스는 사마귀를 태워 없애기 위해서 피부과에 다니기도 한다. 크리스의 옆 자리에 누가 앉으려 할 때면, 반 아이들은 모두 웃기 시작한다. 크리스의 단짝 친구인 조이가 소리친다. “크리스! 나한테도 사마귀가 돋을 거야. 앞으로 내 몸에 손 대지 마!” 그러고 나서 조이는 크리스에게 미안하다고 말한다. 그러나 며칠 뒤, 다시 똑같은 행동을 되풀이 한다. 크리스로서는 조이에게 그런 말로 자꾸 놀리면 기분이 언짢으니 그런 짓을 그만 하라고 말할 수밖에 없다. 그래도 조이가 계속해서 놀리면 크리스는 새로운 친구를 찾아야 할 것이다. 크리스는 자기 곁을 지켜주고, 자신의 단점에 주목하지 않는 사람이 진정한 친구라는 것을 알고 있다.

때로는 친구들끼리도 결점을 들추어내거나 상대를 놀리고, 괴롭히고, 또 따돌릴 방법을 찾기도 한다. 부모들은 이 점을 이해할 필요가 있다. 그래서 가끔은 마음에 상처를 받기도 하지만, 그것은 별 문제가 되지 않는다. 그런데 어느 특정한 아이 때문에 아이가 눈물을 흘리고 괴로워한다면, 아이와 친구 사이의 우정을 재확인할 시점이 되었다는 신호이다. 아이가 지금은 왕따가 아니더라도, 앞으로 왕따의 표적이 되지 않도록 하기 위해서는 사전에 조치를 취해야 한다. 아이들은 보통 자기가 왕따를 당하고 있다는 사실을 다른 사람에게 이야기하기 꺼린다. 왕따를 당하는 아이들 상당수는 부모와 사이가 가깝다. 그런데 그런 아이들조차 왕따에 대해서 이야기하지 않을 때가 많다. 그것은 가해자에게 보복당하거나 고자질쟁이라고 낙인 찍히는 것이 두렵기 때문이다. 아이들이 왕따에 대해서 말하지 않는 이유는 어른들이 실제로 도움을 줄 수 있을 거라고 생각하지 않기 때문이다. 많은 아이가 그런 생각을 넌지시 밝힌 바가 있다. 또 왕따를 당하는 아이는 자기가 약하거나 비겁해서 '엄마'가 대신 나서서 싸워 주기를 바라는 아이로 비춰질까 두려워한다.

　아이가 성장할수록 자기 자신에 대한 이미지와 자존감이 또래 아이들에 의해 좌우되는 정도가 심해진다. 왕따를 당하는 아이들은 학교에서 고립될 가능성이 커질 수도 있다. 왕따의 희생자와 사귀었다가 자기도 함께 왕따를 당할지 모른다는 두려움이 그 아이를 멀리하게 만들 것이기 때문이다. 그런 상처를 입은 아이는 아무도 자기를 도와주지 않는다고 느낀다. 이처럼 중요한 문제를 아이들 선택에 맡겨서는 안 된다. 아이가 학교에 가면 다른 친구들과 함께 생활해야 한다. 당신은 아이에게 이에 대한 준비를 시켜야 한다. 그 첫걸음은 남을 괴롭히는 아이를 알아볼 수 있도록 도와주는 것이다. 확신이 서지 않을 때는 아이의 친구들에 대한 조사를 시작하고, 교사나 학교의 교육행정가들과 이야기를 나누어야 한다. 당신이 개입할 필요가 있는지 없는지 결정할 수 있을 정도로 충분히 정보를 얻을 때까지 계속해서 묻고 또 문의해야 한다.

왕따는 아이들이 어려운 수학 문제나 숙제 때문에 애를 먹는 것과 같은 차원의 문제가 아니다. 왕따와 학교폭력은 당장 중단되어야 한다. 성적이 향상되기를 기다리는 것처럼, 상황이 개선될 것인지 지켜보기 위해 두세 달을 기다려서는 안 된다. 왕따는 값비싼 대가와 부정적인 결과를 낳는다. 어느 정도 의심이 가면, 즉시 개입해서 적절한 조치를 취해야 한다. 당신은 아이가 일정한 규칙에서 벗어난 시간 동안 다른 아이들과 어떻게 지내는지 반드시 살펴보아야 한다. 아이가 다니는 학교에 왕따에 관한 정책이 있는지 반드시 문의해야 한다. 만일 당신의 아이가 왕따를 당하고 있다는 의심이 들면, 필수적인 다섯 가지 질문을 던져야 한다. 누가, 언제, 어디서, 무엇을, 어떻게 했는지에 대해 구체적으로 질문해야 한다. 왕따 당하는 아이를 그냥 지켜보기만 하는 친구가 있는지 물어보기 바란다. 또한 현장에 어른이 있었는지도 파악해야 할 것이다.

친구들을 괴롭히는 아이들 중에는 아이답지 않은 언행과 과격한 행동을 보이는 경우가 있다. 그런 아이들에게 무조건 용감하게 맞서라는 조언은 전혀 도움이 되지 않는다. 아이들 사이에 힘의 균형이 유지되는 상황에서 괴롭힘이 발생할 때는 아이들끼리 해결할 수도 있지만, 그렇지 못한 경우에는 반드시 어른들이 개입해야 한다. 많은 아이들이 무사히 왕따 문제를 극복하거나 왕따에 저항하려고 노력하고 있는데, 그럴 경우 아이들은 보통 자기가 잘못해서 왕따를 당하는 것이라 생각하는 경향이 있다. 아이들은 왕따의 결과로 발생한 사태에 대해 왜곡된 이미지를 갖는 경우가 많다. 따라서 우리는 부모로서 왕따를 당한 사람은 오로지 희생자이며, 잘못이 있는 쪽은 가해자라는 점을 이해시켜야 한다. 왕따를 당하는 아이들이 그 사실을 깨닫도록 도와줄 수 있을 정도로 당신이 많은 것을 알고 있어야 한다. 당신 스스로 준비되어 있다고 생각할 수 있어야 한다. 당신과 교사, 그리고 학교가 힘을 합치면 왕따 없는 학교, 소외 당하는 아이 없는 세상을 만들 수 있을 것이다.

왕따가 발생하고, 또 특정한 아이들이 그 표적이 되는 까닭은 어디에 있는가? 아이들은 키나 몸무게 같은 겉모습 때문에 왕따의 대상이 되기도 한다. 또 말수가 적거나 수동적인 아이, 심지어는 바람직한 이유로 남의 눈에 두드러져 보이는 아이들도 놀림과 괴롭힘의 대상이 될 수 있다. 따돌림을 경험한 뒤, 그것이 계기가 되어 남을 괴롭히는 아이들도 종종 있다. 또 다른 아이들을 억압하면서 느끼는 의기양양한 기분 때문에 왕따의 가해자가 되는 아이들도 있다. 남자아이나 여자아이를 가리지 않고 이들은 다른 아이들을 괴롭히는 데 몰두한다. 여자아이들의 경우는 무리를 지어 특정 아이에게 고통을 주며 외톨이로 만드는 경향이 있다. 아이들은 심한 욕설을 듣게 되면 화가 나고, 불안하고, 비참해지고, 학습 의욕까지 떨어지기 마련이다. 또래 아이들이 있는 앞에서 욕설을 퍼붓는 일은 아이들 사이에서 자주 일어난다. 짓궂은 괴롭힘은 평생에 걸쳐 심각한 영향을 미친다. 이런 유형의 언어 폭력에 장기간 노출된 아이들은 자신의 잠재능력에 도달할 수가 없다.

부모들은 아이들이 왕따를 당하고 있을 것 같은 징후들을 지켜보다, 언제든지 가해자들의 폭력적인 행동을 저지하는 데 필요한 지원과 조언을 아끼지 말아야 한다. 왕따를 겪고 있는 아이에게는 분명하고 확

실한 징후들이 나타날 수도 있다. 아이가 잠을 설친다거나 지나칠 정도로 학교를 싫어하며 집에만 있으려 하는 경우가 그런 예일 것이다. 아이의 몸에 멍이 들거나 옷이 찢어지고, 갑자기 신경이 예민해지는 것도 또 다른 징후가 될 수 있다. 아이들이 성장할수록 자신에 대한 이미지와 자존심이 또래 아이들에 의해 좌우되는 정도가 심해진다. 왕따를 당하면 학교에서 다른 아이들로부터 고립될 가능성이 더 커질 수도 있다. 왕따의 대상인 아이와 사귀었다가 자기도 왕따를 당할지도 모른다는 두려움에 왕따인 아이를 멀리할 것이기 때문이다. 왕따를 당하는 아이들은 아무도 자기를 도와주지 않는다고 느낀다. 그런 일이 되풀이 되면서 아이들의 상처는 깊어만 간다.

아이가 학교에서 왕따를 당하고 있다는 의심이 들 때는 당신의 직감에 따라 행동하기 바란다. 평상시와 다름없이 솔직하게 행동하고, 아이의 걱정거리에 대해 터놓고 이야기 나누는 것이 좋다. 아이가 학교에서 다른 아이들로부터 고통을 겪고 있는 사실을 확인했을 경우, 허둥대지 말고 과잉 반응도 보이지 말아야 한다. 그 대신 적극적인 조치를 취함으로써 아이의 가해자를 상대해서 희생을 줄이고, 긍정적인 감정을 회복하도록 힘을 불어넣어야 한다. 가해자와 희생자 모두에게 우리의 도움이 필요하다. 왕따 문제 해결의 첫걸음은 아이와 왕따에 대해 솔직하게 이야기 나누는 것이다. 당신의 경험을 아이에게 이야기해 주면 아이의 마음을 여는 데 도움이 될 것이다. 가해자들을 멈추게 할 수 있는 방법에 대해서 아이에게 이야기해 주어야 한다. 아이가 가해자들을 어떻게 다루어야 하는지, 언제 어른을 찾아가야 하는지를 점검하고, 동시에 아이가 경험한 시나리오를 반복해서 연습해야 한다. 그 과정에서 아이의 말은 작은 것 하나도 소홀히 해서는 안 된다. 필요할 경우에는 학교 당국에 통보해서 상황을 개선하는 데 도움을 받을 수 있게 해야 한다. 저절로 해결될 일이라고 생각해서 못 본 척하며 상황을 그냥 넘겨서는 절대로 안 된다.

한없이 귀찮게 굴거나 괴롭히거나, 모욕감이나 굴욕감을 느끼게 하는 아이들이 있을 때는, 그들과 거리를 두고 이겨내야 한다고 말해 주어야 한다. 용납할 수 없는 행동이 계속될 때, 아이들은 그 사실을 어른에게 알려야 한다. 일반적으로 아이들은 인기를 얻으려고 하다, 잘난 체하다 다른 아이에게 몹쓸 짓을 하게 된다. 주목 받고 싶은 욕망이 너무 큰 나머지 그런 짓을 저지르는 어린이들도 있다. 그런 아이들은 자신이 다른 아이에게 주는 고통의 무게를 느끼지 못할 때가 많다. 당하는 아이가 맞서 저항하고, 가해자의 행동을 무시하면 대개 그런 행동은 중지된다. 부모들은 비겁한 짓을 하는 아이들을 다루는 방법에 대해 아이들에게 가르치는 것이 중요하다. 아이가 다른 아이들 때문에 눈물을 흘렸다면, 자기 힘으로 그들을 대항하도록 도와주어야 한다. 지속적으로 괴롭힘을 당한 아이들은 장기간에 걸쳐 해로운 영향에 시달릴 수 있다. 당신의 아이에게, 그런 일을 당했을 때는 큰 소리로 그만두라고 말하고 나서, 그 자리를 떠나도록 가르쳐 준다.

학교생활의 많은 영역에서 방과 후 활동을 할 때, 아니면 아이들과 함께 어떤 일을 하는 과정에서 아이는 왕따의 희생자가 될 수도 있다. 아이가 가는 곳마다 당신이 따라다닐 수는 없다. 그러나 당신은 아이에게 무슨 일이 벌어지고 있고, 어떻게 하면 아이들을 보호할 수 있는지 알 수 있다. 당신은 아이가 왕따를 당하거나 왕따의 가해자가 되는 사태를 예방할 수 있는 방법이 무엇인지 궁금할 것이다. 이것이야말로 당신이 하루도 빠짐없이 해야 할 일이다. 당신에게 걱정을 안겨 주고, 직접 나서서 도움을 주라고 자극하는 징후들이 있는지 예의 주시해야 한다. 당신의 아이가 그런 불미스런 일에 휩쓸리게 내버려 두어서는 안 된다. 아이들이 하는 짓이라고 가볍게 여기지 말고 사태를 해결해야 한다. 마치 탐정이 되어 아이가 생활하는 시간의 대부분을 행복하게 보낼 수 있도록 해주어야 한다.

그 누구도 부모들에게 경찰관처럼 일하라고 요구하지는 않는다. 그러나 오늘날 아이를 키운다는 것은 당신이 모든 것을 알고 있고, 모든 것을 밝혀내리라는 것을 아이가 의식하고 있으며, 또 그러한 사실을 아이에게 알린다는 것을 의미한다. 다양한 상황에서 아이들이 어떻게 행동하는지 지켜보기 바란다. 체육 활동을 할 때, 친구들끼리 파티를 할 때, 공원에서 놀 때, 어떻게 대응하는가? 다른 아이들에게 결정을 미루지는 않는가? 지나치게 공격적이지 않은가? 아니면 지나치게 수동적이지는 않은가? 친구들과 서로 조화롭게 지내는가? 또 당신이 걱정하는 것과 똑같은 것들에 대해 아이도 걱정하는가? 형제자매 그리고 형제자매의 친구들과 사이좋게 지내는가? 다른 가족 구성원들을 어떻게 대하는가? 당신의 아이에게 다른 사람들을 존중하는 법과 다른 사람들로부터 존중받는 법에 대한 본보기를 보여 주고, 가르쳐 주면서 아이들의 행동을 하나하나 파악해야 한다.

여덟 살 안드레는 야구부에 들어갔지만 한 번도 야구를 해본 적이 없다. 그래서 안드레는 처음에 공을 던지고 받는 것에 약간 어려움을 겪었다. 어느 날, 코치는 연습 경기를 하려고 두 팀으로 나눈다. 한 선수가 안드레가 자기 팀이 되는 게 너무 화가 난다며 소리를 지른다. 안드레 때문에 질 게 분명하다는 것이다. 아이가 워낙 크게 말하는 바람에 경기를 지켜보는 코치와 부모들 그리고 다른 사람들도 그 소리를 듣게 된다. 안드레 엄마는 당혹스러운 마음에 아무 말도 하지 못한 채 부끄러워한다.

이런 일이 일회적으로 끝나면 그나마 다행이다. 문제는 다음 시즌에 다른 선수들 또한 그 아이가 한 말을 흉내 내며 안드레를 괴롭게 만들 것이라는 점이다. 당신의 아이가 다른 아이에게 부당한 대우를 받거나 괴롭힘을 당하는 것을 그냥 두면 안 된다. 그런 아이들에게 당당히 맞서도록 아이에게 용기를 북돋아 주어야 한다. 안드레 엄마는 안드레로 하여금 그 자리에서 "난 야구를 시작한 지 얼마되지 않았어. 넌 곧 그 말을 후회하게 될 거야!" 라고 말할 수 있도록 해야 했다. 특히 여러 사람이 있는 곳에서 남을 괴롭히고도 비난을 받지 않는다는 걸 알게 되면, 다른 아이들도 앞으로 그런 행동을 해도 괜찮을 것이라고 생각할 가능성이 매우 높다. 적절한 수순을 밟기 전에 먼저 개입해서 위협하려고 하면 안 된다. 상황이 악화될 뿐이다. 우리는 왕따를 자행하는 아이들에게 다른 아이를 존중하는 방법을 가르칠 수 있다. 그 과정은 시간이 걸린다. 그러므로 당신은 인내심을 가져야 한다.

부모를 위한 몇 가지 비결

■ 점심시간과 쉬는 시간을 포함한 학교생활에 대해서
아이들과 이야기 나눈다.
■ 아이와 함께 왕따가 무엇인지에 대해, 또 뉴스에 보
도된 왕따 사례들에 대해 이야기 나눈다.
■ 어떤 자질을 갖추어야 친구라고 할 수 있는지에 대
해 이야기한다.
■ 아이가 다니는 학교에 왕따에 대한 정책이 있는지
조사한다.

교사와 부모의 관계

교사와 부모 사이에 의사소통이 이루어져야 한다. 교사
들은 아이들에게서 부모가 보지 못한 면을 본다. 아이
들은 학교에서 당신이 예상하는 것과 다르게 행동할 수
도 있다. 교사와 부모들은 의사소통하며 아이들이 학교
생활을 잘할 수 있도록 도와줄 방법들을 찾아야 한다.
부모와 아이들의 대화는 아이들의 성적뿐만 아니라, 다
른 아이들과 어울리는 문제에 초점을 맞추어야 한다.
교육자들은 자신이 생각하는 방식에 부모들이 익숙해지
도록 해야 한다. 그렇게 해야 교육자들은 자신이 가진

지식을 부모들과 공유할 수 있고, 부모들에게 아이들을 뒷받침하는 방법을 알려 줄 수 있다.

어린이를 위해서

■ 침착하게 행동하면서 왕따의 가해자에게 반응하지 않는 방법을 아이에게 보여 주어야 한다. 상대가 반응을 보이지 않으면, 왕따의 가해자가 더 이상 흥미를 느끼지 못하고 괴롭힘을 멈추는 경우가 많다.
■ 아이가 자신감을 갖도록 해주고, 재치있는 말로 대꾸하는 방법이나 상대의 말에 수긍하는 방법을 가르친다.
−안경을 썼다고 놀릴 때, "내가 안경 쓰게 된 걸 알아봐 줘서 고마워!"
−계속해서 놀릴 때, "네가 무슨 말을 하든, 난 관심없어."
−어떤 일을 명령할 때, "네가 선생님은 아니잖아?"
−하기 싫은 걸 강요할 때, "그건 네 생각이니까, 네가 그렇게 하면 되겠다!"
■ 가정에서 아이들에게 따뜻하고 긍정적인 환경을 만들어 주고, 당신이 질문을 던질 수 있는 분위기를 조성해야 한다.
■ 당신에게 왕따 문제에 대처하는 마땅한 비책이 없다

면, 학교의 왕따 대응 정책에 참여하여야 한다.

■ 당신의 아이가 왕따 행위를 목격했을 때, 누가 연루되었는지 알아보고 어른들과 함께 해결해야 함을 상기시켜야 한다.

■ 학교 당국과 왕따 가해자의 부모에게 이야기해서 그런 행동을 근절시킬 계획을 마련해야 한다. 왕따는 더 이상 아이들만의 문제가 아님을 잊어서는 안 된다.

대화를 촉진하는 법

아이들과 대화할 때 의사소통의 경계를 없애는 것이 좋다. 왕따와 괴롭힘에 관해서 당신이 경험했거나 목격했던 일이 있으면, 무엇이든 아이에게 이야기해 주기 바란다.

■ 너희 반에 괴롭힘 당하는 아이가 있니?

■ 학교에서 어떤 아이가 너를 괴롭힌 적이 있니?

■ 학교에서 다른 아이들과 함께 지내는 게 얼마나 힘든지 엄마도 알고 있어.

■ 엄마도 (아빠도) 초등학교 3학년 때, 두꺼운 안경을 쓰고 학교에 갔다가 놀림받은 기억이 있단다.

■ 엄마도 (아빠도) 같은 반 남자아이 때문에 난처

했던 경우가 많아.
■ 왕따를 절대 용납해서는 안 돼. 그냥 보아 넘겨
서도 안 된다는 걸 잊지 마.

왕따의 가해자들에게 필요한 조치

■ 체벌이나 가혹한 벌을 가하지 않도록 해야 한다.
적대적인 행동에 노출된 어린이들은 일반적으로 문
제 해결 능력이 떨어진다.
■ 벌을 줄 때는 일관성이 있어야 한다.
■ 아이에게 다른 사람들의 입장에서 생각하는 법을
가르쳐야 한다. 아이가 왕따를 자행할 때, 당신이
느끼는 감정을 아이에게 말해 준다.
■ 아이에게 지역 사회를 위하여 뭔가 이바지할 수
있는 기회를 제공한다. 아이에게 친절하고 남을 배
려하는 행동에 기쁨을 느낄 수 있는 기회를 마련해
줄 것이다.
■ 불행하게도 세상 사람들은 긍정적인 행동보다는
부정적인 행동을 더 많이 공유한다. 당신의 아이들
에게 다른 사람들이 친절하게 행동하는 것을 지켜
볼 수 있도록 신경 쓰길 바란다.
■ 아이의 행동이 변하도록 도움을 주는 것이 불가

능하다고 느낀다면, 아동 심리학자와 같은 전문가의
도움을 받아야 한다.

부모와 교사들에게

아이들은 자기가 괴롭힘 당하는 사실을 남에게 알
리기를 꺼려할 때가 많다. 이 점을 반드시 기억해야
한다. 아이들은 어떤 형태로든 불행한 경험을 하게
마련이다. 따라서 부모들은 아이들이 왕따를 당하는
징후와 단서들을 찾아보아야 한다. 그래서 아이의
행동과 태도에 변화가 생기면, 부모는 아이들이 가
해자에게 맞서서 대항하도록 도와줄 준비를 해야
한다. 교사들은 지켜보거나 처리할 필요가 있는 징
후들과 단서들에 대한 정보를 반드시 부모에게 알
려 주어야 한다. 왕따를 당하는 아이들은 그 사실을
다른 사람들에게 말하는 것을 두려워 할 수 있으므
로, 부모와 교사들은 그러한 아이들이 문제 해결에
나설 수 있도록 훈련시켜야 한다.

제5원칙_ 자신감을 키워야 한다

질투라는 감정은 불안감에서 비롯된다. 사람들은 모두 달라 서로 가지고 있는 재주가 다르다는 것을 이해시키고, 아이를 다른 아이들과 비교하지 말고, 아이 스스로 다른 아이들과 비교하지 않도록 도와주기 바란다. 누구나 조금씩은 다른 사람보다 앞서기 마련이다.

가족끼리 동병상련

열네 살 스테파니는 친구의 생일 파티에 입고 갈 옷을 고르는 일로 잔뜩 흥분해 있다. 스테파니의 라틴아메리카계 친구들 중 많은 아이들이 열다섯 살로 접어들면서, 성대한 축하파티를 벌이고 있다. 이 기회에 스테파니는 드레스와 가운을 입어 볼 생각이다. 스테파니는 엄마와 함께 드레스를 고르느라 몇 시간씩 허비하곤 한다. 마음에 드는 드레스를 입으면 스테파니는 감동에 젖는다. 스테파니는 친한 친구 로렌에게 드레스 입은 모습을 보이며 어떠냐고 물어본다. 로렌은 드레스가 촌스럽고, 친구들 사이에서 돋보이지 않을 거라고 말한다. 로렌과 외출할 때마다 스테파니는 수줍음을 느끼며, 대부분의 시간을 외모에 대해 걱정하며 보낸다. 로렌의 표현은 노골적이지는 않지만 자신의 외모를 의심하고 자신감을 잃게 할 정도로 스테파니에게 강한 영향을 미친다. 그 때문에 스테파니는 파티를 즐길 수가 없다.

스테파니의 부모는 낭패감을 느낀다. 딸이 자신감을 갖도록 도와주려고 또 다른 옷을 사 주어도 친구인 로렌이 계속해서 딸을 의기소침하게 만들기 때문이다. 그런데도 스테파니는 계속해서 로렌을 부르고, 그때마다 똑같은 상황이 반복된다. 이런 상황에서 스테파니 부모는 딸에게 로렌의 문제를 꺼내 놓고, 로렌이 아이가 원하는 친구인지, 로렌과 함께 즐거운 시간을 보낸 적이 있는지 물어볼 필요가 있다. 우리는 부모로서 아이들에게 옳고 그름을 가르칠 필요가 있다. 오늘날 옳고 그름을 구분하는 것은 단순히 '예' 와 '아니오' 를 결정하는 것보다 훨씬 더 중요하다. 개인적으로 판단하는 여러 가지 결정에 의해서 아이의 특성이 규정되며, 아이가 행복한 어른으로 성장할지 여부가 좌우된다. 이런저런 여러 가지 개인적인 결정들도 옳고 그름을 구분하는 일에 포함된다. 아이들은 언제나 자신이 잘못된 결정을 내리는지 알아야 하며, 아이들이 그것을 알 수 있도록 도와주어야 한다.

아이는 학교에서의 좋은 일에 대해 기뻐 이야기하기보다 나쁜 일에 대해 이야기할 때가 많다. 부정적인 생각은 일상을 우울하게 만들 가능성이 크다. 아이가 집에 돌아와서 어떤 아이가 자기에게 어떤 일을 저질렀다거나 어떤 아이가 자기에게 말을 걸지 않았다거나 하는 등의 이야기를 할 때, 당신은 그날 있었던 긍정적인 일에 대해서도 이야기하도록 해야 한다. 당신은 아이가 긍정적인 일에 관심을 기울이도록 적극적으로 도와주어야 한다.

우리 아이가 고민하고 관심을 집중하는 것의 대부분은 어른들이 평상시에 무엇을 염려하고 무엇에 관심을 집중하느냐에 따라 결정된다. 내 조카들은 집에 돌아오면, 학교에서 따가운 시선을 받았던 일이나 창피 당한 일에 대해 이야기하고 싶어 한다. 언니와 나는 조카들에게 학교에서 있었던 좋은 일에 대해 이야기하려고 시도하지만 그것이 쉽지만은 않다. 그래도 우리는 끊임없이 노력해야 한다. '동병상련' 이라는 말이 가족 간에 적용되어서는 안 된다. 우리는 부모로서 아이가 모든 일에서 밝은 면을 보도록 도와주어야 한다. 밝은 관점을 가진 아이는 아이들에게 호감을 줄 것이다. 불평거리를 찾아내 이야기할 시간은 많다. 나는 그러한 행동을 자제하는 대신, 더 행복한 일에 대해 이야기하려고 노력한다. 물론 일상에서 좋은 일이 또렷하게 드러나지 않는 날도 있다. 하지만 하나 둘 이야기를 시작해 보면 작지만 행복한 것들을 의외로 많이 발견하게 될 것이다. 아이가 일상의 곳곳에서 재미난 것들을 발견할 수 있게 도와주고, 아침에 눈을 뜨자마자 신이 나서 하루를 시작하는지 지켜보기 바란다.

우리는 외모가 중요시되는 물질적인 세계에 살고 있다. 그러나 겉모습에서 받은 첫인상이 사라지고 나면, 오랫동안 진정한 가치를 발하는 것은 사람의 생각과 행동이다. 아이가 자기 자신에 만족감을 갖고 세상을 긍정적으로 바라보는 것이 중요하다. 왕따라는 힘든 상황에서 빠져 나올 수 있는 힘은 자기 자신에 대한 믿음일 테니 말이다. 여기 아이의 자신감을 키워 주는 비책이 있다

- 매일 아이에게 사랑한다는 말을 해준다.
- 아이와 단둘이 보내는 시간을 자주 갖는다.
- 아이가 잘하는 일이 있으면, 충분히 격려해 준다.
- 아이가 어떤 선택을 하고, 도전해 보고, 어려움을 극복하고 성취감을 느낄 수 있는 기회를 만들어 준다.
- 아이가 처리한 일에 대해 스스로 만족하게 해준다.
- 다른 아이들과 비교하거나 당신의 기분이 엉망이라고 해서 아이를 무시하는 언행을 해서는 안 된다.

열다섯 살 에릭은 존과 알고 지낸 지 얼마 되지 않아 단짝 친구가 되었다. 에릭은 무슨 짓이든 물불을 가리지 않는 아이다. 이웃사람들을 괴롭히거나 그들의 잔디를 짓밟는 건 예사다. 에릭은 단짝 친구에게 함께하길 강요한다. 에릭은 친구와 함께 영화를 보고 이야기하는 것으로는 만족하지 않는다. 그래서 에릭과 존의 만남은 항상 둘이 서로를 들볶는 것으로 끝이 난다. 당신의 아이는 과격한 행동을 일삼는 친구나 원치 않는 것을 강요하는 친구와 거리를 두어야 할 때를 알고 있는가?

저스틴은 학교 복도에서 아이들에게 뛰어가 얼굴에 대고 트림을 하거나 아이들에게 엉덩이를 대고 방귀를 뀌고 나서 우스꽝스럽게 웃어 댄다. 저스틴과 함께 학교에 다니는 6학년 학생들 대부분은 저스틴을 유치하고 불쾌한 아이로 생각한다. 어느 날, 저스틴은 집에 돌아와서 엄마에게 반 아이들이 파티를 하는데, 아무도 초대해 주지 않았다고 불평한다. 엄마는 저스틴에게 "널 초대하지 않는 아이들은 신경 쓸 것 없어. 그냥 무시해"라고 말한다. 저스틴이 집에서 그런 행동을 저지를 때도 그의 부모는 사내아이들은 으레 그렇다며 웃어넘긴다.

저스틴의 부모는 일정한 나이가 되면 몸의 기능과 몸에서 나는 소리들을 비밀스럽게 다뤄야 하며, 그것을 놀이 대상으로 삼거나 여러 사람 앞에서 드러내는 일은 올바른 행동이 아니라는 것을 설명해 줘야 한다. 저스틴에게는 남을 존중하고 배려하는 태도와 예절에 대한 교육이 필요하다. 부모들은 아이에게 다른 사람들이 싫어하거나 기피하는 행동이 무엇인지를 가르쳐 주어야 한다.

열세 살 다이애나와 킴벌리는 유치원 때부터 친구로 지내고 있다. 둘은 사이좋은 친구이고, 같은 동아리에 들어가 함께 활동했다. 다이에나는 뛰어난 학업 성적으로 우등상은 물론이고, 과학 경시대회에 참가해서 상장과 상금을 받았다. 킴벌리는 다른 친구들과 함께 다이애나에게 등을 돌리기 시작한다. 점심시간에 다이애나를 소외시키고, 주말에 함께 영화를 보러 가거나 다른 아이의 집에 모이는 일이 있어도 다이애나를 초대하지 않는다. 딸의 고민을 알게 된 다이애나의 엄마는 마음이 아프다.

다이애나 엄마는 아이와 마주 앉아 질투라는 감정에 대해 설명해 주고, 딸을 매우 자랑스럽게 여긴다고 말해 주어야 한다. 불행하게도 아이들은 질투심을 억제하지 못할 때가 많다. 단짝 친구 사이에서도 그런 상황은 흔히 발생한다. 상황이 더이상 심각해지지 않고, 다이애나가 왕따를 당하지 않는다면, 다이애나 스스로 친구와 관련된 상황을 해결하고, 새로운 친구를 사귀어야 할 시간인지 아닌지를 결정하도록 맡겨 둘 필요가 있다. 우리는 부모로서 아이가 손을 털고 뒤로 물러나야 할 때가 있다는 것을 이해시켜 주어야 한다. 반드시 필요한 일이다. 아이를 키운다는 것은 그런 때가 있다는 것을 아이들이 인정하고, 가던 길을 멈추는 것과 길을 바꾸는 것의 차이를 이해하도록 도와주는 것이다.

가끔 다른 아이들에게 압력을 받아서 일부러 성적을 떨어뜨리는 아이가 있다. 다른 아이들과 어울리기 위해서 '자신의 성적을 낮추는 것'은 아이들에게 도움을 주지 못한다. 오히려 성적이 떨어지는 것 때문에 또 다른 문제가 발생한다. 이런 식의 행동은 청소년들 사이에서 더 일반적으로 나타난다. 부모들은 이처럼 잠재적으로 해로운 영향을 미칠 수 있는 결과를 예방하기 위해 아이와 이런 문제에 대해 이야기해야 한다. 아이들이 자신을 방어할 수 있고, 자신을 괴롭히는 아이가 하는 것과 비슷한 행동을 하거나 비겁한 행동을 하지 않고도 자신이 원하는 친구 관계를 유지할 수 있을 때, 비로소 균형이 이루어진다. 당신은 아이에게 그들이 지닌 장점을 말해 주어야 하고, 스스로 특별하고 소중한 존재라는 것을 느끼게 해주어야 한다. 아이에게 너희를 자랑스럽게 여긴다고 말해 주어야 하며, 다른 아이가 지닌 소질과 재능을 질투하지 않고, 있는 그대로 인정하는 것이 어려울 때가 있다는 점을 설명해 주어야 한다.

　질투라는 감정은 불안감에서 비롯된다. 사람들은 모두 달라 서로 가지고 있는 재주가 다르다는 것을 이해시키고, 아이를 다른 아이들과 비교하지 말고, 아이 스스로 다른 아이들과 비교하지 않도록 도와주기 바란다. 누구나 조금씩은 다른 사람보다 앞서기 마련이다. 그런 시기가 조금씩 다를 뿐이라는 것을 깨닫게 해주어야 한다. 친구들 사이에서 일어나는 작은 질투와 경쟁은 성장의 과정이 될 수 있지만, 항상 다른 아이들을 질투하는 아이는 친구 관계를 유지할 수 없다. 질투라는 함정에 빠지지 않도록 하기 위해서 아이가 자신의 현재 모습에 만족하고 자존감을 키우도록 도와주기 바란다.

행동을 촉진하는 법

- 아이와 함께 축하하거나 고마워할 것들에 대한 목록을 만든다.
- 당신이 아이에 대해서 자랑스럽게 여기는 것들에 대한 목록을 만든다.

대화를 촉진하는 법

- 엄마도 (아빠도) 질투심을 느꼈을 때가 있어.
- 질투심 때문에 우울해지면, 엄마는 (아빠는) 나를 기쁘게 해줄 수 있는 다른 일을 생각해.
- 어떤 일이 잘 되지 않을 땐, 잠시 멈추고 네가 자신 있는 다른 일을 해보는 건 어떨까? 공부가 잘 되지 않을 땐, 밖으로 나가 자전거를 타고 오는 것처럼 말이야.

 # 한마디 말로 관계를 바꿀 수 있다

오늘날 너무나 많은 아이들이 자기가 가진 것에 대해 고마워할 줄을 모른다. 우리는 그 탓을 미디어와 이기적인 문화, 심지어는 조부모에게 돌린다. 하지만 그 모든 책임은 우리 부모들에게 있다. 아이가 지금 자신이 가지고 있는 것들에 감사하며, 한계를 이해할 수 있도록 해야 한다.

열두 살 조슈아가 학교에서 집으로 돌아오자 조슈아의 엄마가 묻는다. "숙제 있니?" 조슈아는 있다고 대답한다. "학교에선 어떻게 지냈니?" 엄마가 계속 묻는다. "완전 개판이었어." 조슈아가 대답한다. 그러더니 동생 알렉스를 밀치며 발을 걸어 넘어뜨린다. 조슈아 엄마는 불편한 얼굴로 어깨를 으쓱하면서 말한다. "그런 말을 쓰면 안 돼. 그리고 동생에게 그러면 안 돼."

조슈아의 부모는 언어의 선택과 다른 사람을 대하는 태도에 대해서 바람직한 예절의 기준을 온전히 세우지 못했다. 조슈아의 못된 말투를 고쳐 주면서, 동생을 대하는 태도도 바로잡아 주고, 바람직한 행동을 본보기로 보여 주면서 그것을 따라하게 해야 한다.

대화로써 사람들과 효율적인 의사소통을 할 수 있는 능력은 학교 생활에서뿐 아니라 살아가면서 반드시 필요한 것이다. 부모는 아이가 어떤 상황에 처해도 자신을 표현할 수 있는 법을 배울 수 있도록 도와주어야 한다. 아이들은 친구들과 이야기 나눌 때 마음이 편해야 한다. 자기가 말하려고 하는 내용과 자신의 감정에 대해 생각한 다음, 편안한 마음으로 이야기할 수 있어야 한다. 아이들은 질문을 하거나 부탁을 하고, 상대방의 부탁에 응할 때 공손하고 존중하는 태도를 보여야 한다. 아이가 다른 사람을 상대해야 하는 것 때문에 걱정하며 안절부절못한다면, 아이에게 연습할 수 있는 기회를 마련해 주어야 한다. 아이가 필요한 물건을 사기 위해 상점에 가서 점원에게 도움을 요청하도록 해보는 것도 연습이 될 수 있다. 아이가 다른 사람과 이야기 나눌 때 편안한 마음을 갖도록 도와주어야 한다. 그렇게 하면 아이는 당신이 없더라도 다른 사람과 지내는 일에 어려움을 느끼지 않을 것이다.

당신은 사람들이 다가갈 때 부모 뒤로 몸을 숨기는 아이를 본 적이 있을 것이다. 심지어 부모에게 자기 대신 질문을 해달라고 하거나 메시지를 전해 달라고 부탁하기도 한다. 부모는 그런 아이에게 사람을 만날 때, 마음을 편히 갖도록 도와주어야 한다. 마음이 내키지 않더라도 자기가 원하거나 필요로 하는 것들이 있을 때 다른 사람에게 이야기할 수 있도록 가르쳐야 한다. 그러한 교육을 통해 아이들은 시간이 지날수록 사람들과 함께 있는 시간이 편안해질 것이다. 여러 사람 앞에서 이야기하고 대화를 나누는 방법을 학교에서 모두 가르쳐 주지는 않는다. 부모는 아이들과 명확하고 분명하게 의사소통하고 다른 사람들과 대화하는 법을 가르쳐 주어야 한다. 일상에서 부딪치는 모든 환경에서 대화를 나누면서, 당신이 느끼는 편안함을 아이도 느낄 수 있도록 도와주기 바란다. 부모와 교육자들이 아이들의 의사소통 기술을 향상시키는 데 활용할 수 있는 간단한 규칙 열 가지를 소개하겠다.

■ 규칙1

사람들의 이야기를 귀담아 들어 줌으로써, 자기를 이해해 준다는 느낌이 들게 한다. 의사소통에서의 성공이란, 다른 사람의 말을 귀담아 듣고, 그들의 감정과 생각을 고려한다는 뜻이다. 아이에게 당신이 말한

것에 대해 어떻게 생각하는지 한 번 더 말해 보라고 요청한다. 대화를 나눌 때 아이가 당신의 말을 얼마나 귀담아 들었는지 알아보는 데 도움이 될 것이다.

■ 규칙2

대화를 나눌 때 열정적인 말투로 이야기한다. 극적인 대목에서는 말의 속도를 늦췄다가 다시 속도를 높여서 당신이 얼마나 흥분했는가 보여 준다. 어떤 문제가 있을 때, 그것에 대해 논쟁을 벌이지 않는다. 당신의 의견을 먼저 제시하고, 사람들의 다른 생각에 대해서는 마음을 열어 둔다. 말을 할 때는 얼굴 표정을 보여 준다. 즐거운 일에 대해 이야기할 때는 미소를 짓고, 다른 어떤 사건이나 활동에 대해 이야기할 때는 그에 맞는 감정을 표현한다. 어떤 형태로든 몸짓을 할 때는 목적이 있어야 한다.

■ 규칙3

대화할 때 사람들을 진심으로 배려한다. 함께 대화를 나누는 사람들에게 당신이 관심을 보인다면, 그들은 더 솔직하게 당신을 대할 것이다.

■ 규칙4

말하고 싶은 것에 대해서 생각하고, 생각을 정리한다.

■ 규칙5

어디서든 자신의 이야기를 해야 한다. 당신은 자기가 말하는 내용에 대해 사람들의 동의를 바랄 것이다. 개인적인 경험을 이야기하면 그렇게 할 수 있다. 당신이 선택한 거의 모든 주제에 관련된 '인생 체험'이 최소한 한 가지는 있어야 한다. 처음에는 이야기를 단순하게 시작해서 '누가, 언제, 어디서, 무엇을, 왜' 라는 질문에 대한 답변을 포함해 이야기를 연대기적으로 진행한다. 이야기를 하면서 사람들을 바라본다. 이야기를 하는 동안 계속 상대방과 눈을 맞춤으로써 당신에게 주목해 줄 것을 요구한다.

■ 규칙6

이야기는 흥미진진해야 한다.

■ 규칙7

이야기 속에 약간의 유머를 곁들이는 것이 좋다. 유머를 곁들인다고 해서 코미디언이 되어야 한다는 건 아니다. 유머를 통해 심각한 이야기를 부드럽게 만들어 줌으로써, 사람들은 당신의 생각에 더 많은 관심을 갖고 더 많이 받아들일 것이다. 웃음은 사람의 마음을 여는 데 효과적이다.

■ 규칙8

다른 사람들이 하는 말을 방해하지 않는다.

■ 규칙9

대화를 나누는 동안에는 가급적 많은 감각을 동원한다. 그럴 때 상대방
은 당신과 대화할 때 많은 관심을 보일 것이다.

■ 규칙10

사례를 통해 대화의 기술을 훈련시키고, 실생활에서 대화를 나누는 올
바른 방법을 경험하게 한다.

우리는 공손한 태도로 이야기하는 것을 아이들에게 가르치고 훈련시
킬 수 있다. 마음에서 우러난 결과로써 그런 태도를 보이는 것이 중
요하다. 오늘날 너무나 많은 아이들이 자기가 가진 것에 대해 고마워
하지 않고, 자신이 얼마나 행운을 누리고 있는지 깨닫지 못한다. 우
리는 그 탓을 미디어와 이기적인 문화, 심지어는 조부모에게 돌린다.
하지만 그 모든 책임은 우리 부모들에게 있다. 부모들은 아이가 원하

기만 하면 그것이 절실하게 필요한 것인지, 아이가 소유할 만한 자격이 있는지, 아이가 노력해서 얻어야 하는 것은 아닌지 고려해 보지 않고 마음껏 누리게 해준다. 아이에게 일정한 한계를 정해 주는 데 실패하고, 집안일에 대한 책임감을 길러 주지 못한 것은 부모의 잘못이다. 아이가 지금 자신이 가지고 있는 것들에 감사하며, 한계를 이해할 수 있도록 해야 한다.

제7원칙_ 부모가 변해야 한다

사람은 모두 다르며, 우리 모두 장점과 단점을 지니고 있다는 사실을 아이들이 이해하도록 도와주어야 한다. 단점이나 약점을 지적당하고, 조롱거리가 되는 것을 좋아할 사람은 아무도 없다. 아이가 익혀야 할 예절 목록에 사람들의 다른 모습을 받아들이라는 점이 반드시 포함되어야 한다.

'다름'을 인정해야 한다

아홉 살 사만다는 모르는 것이 없고 또 없는 것이 없다. 주제를 정해서 토론을 하는 수업에 필요한 것은 말할 것도 없고, 사만다가 가진 것은 항상 더 좋고, 주위의 흥미를 끌었다. 사만다는 다른 모든 아이들보다 우월하다고 생각했다. 이 때문에 다른 아이들은 마치 자기가 사만다보다 못나고, 사만다보다 가진 것이 적다고 생각할 가능성이 있다. 사만다는 외동딸로 버릇없이 자랐다. 사만다의 부모는 딸을 지나치게 방임하여 키운 탓에, 사람들을 대하는 태도를 가르치지 못했고, 또래 아이들보다 우월하다고 생각하게 만들었다. 그런데도 그들은 그 사실을 깨닫지 못한다. 학급에서 토론이 벌어질 때마다 사만다는 또래 아이들이 이야기하는 도중에 마구 끼어든다. 결코 손을 드는 법이 없다. 선생님은 자주 사만다에게 손을 들고 차례를 기다리라고 하지만, 사만다는 왜 그래야 하는지 이해하지 못한다.

누구나 예의 없는 사람과 함께 있는 것을 싫어한다. 아이들도 마찬가지다. 버릇없이 굴고 예의 바르지 못한 아이는 친구를 사귀고 우정을 유지하기 힘들다. 올바른 예절을 가르치는 가장 훌륭한 방법은 부모가 모범이 되는 것이다. 아이가 예의 바른 아이로 성장하길 바란다면, 당신부터 변해야 한다. 외출했을 때, 올바른 행동을 하는 사람과 그렇지 못한 행동을 하는 사람을 보면, 반드시 아이에게 지적해 주어야 한다. 바람직한 행동을 하는 아이를 보았을 때는 그런 행동에 대해 아이와 이야기를 나누고, 그것이 얼마나 멋진 일인지 설명해 주어야 한다. 그리고 그 아이를 칭찬해 주어야 한다. 반면, 어떤 아이가 버릇없는 행동을 보이면, 아이에게 그런 아이와 친구가 되고 싶은지 물어보기 바란다. 친구가 되고 싶지 않다고 대답하면, 네가 그런 아이가 되어서는 안 된다고 말해 주어야 한다.

아이가 버릇없는 행동을 할 때는 심한 벌을 주는 대신 아이가 누릴 특권이나 장난감 등을 빼앗는 것이 좋다. 예의 바른 행동을 하면 특권을 누릴 수 있도록 상을 주기 바란다. 아이 스스로 버릇없는 행동을 고쳐 나갈 수 있도록 기회를 제공해 주는 것이 바람직하다. 예절에 관해 이야기할 수 있는 가장 좋은 방법은 저녁 식사를 할 때, 온 가족이 식탁에 둘러앉는 것이다. 당신이 음식을 먹는 모습은 당신에 대해 많은 것을 이야기해 준다. 숟가락과 젓가락을 바르게 사용하는 방법에서부터 시작한다. 아이들에게 젓가락을 사용하는 법, 입을 다물고 음식을 씹는 법, 음식을 흘리지 않고 먹는 법 등을 보여 주어야 한다.

또 아이가 새로운 음식을 먹어 보도록 도와주기 바란다. 뜻밖에도 아이가 그 음식을 맛있게 먹으면서 좀 더 달라고 말할지도 모른다. 만약 그렇지 않다면 "아니에요, 괜찮아요"라고 말할 것이다. 아이가 음식을 먹을 때, 얼굴을 찌푸리거나 혐오감을 드러내고, 다 먹지도 못할 정도로 많은 양의 음식을 덜어 오고, 어떤 음식은 먹으려고 하지 않는 등의 행동을 허용해서는 안 된다. 아이가 식사 예절을 익히면, 상을 주는 의미에서 아이들이 선택한 음식점에 가보기 바란다. 아이가 훌륭한 예절과 식사 태도를 보여 주었기 때문에 음식점에 왔다는 것을 아이에게 이야기하고, 당신은 그것을 자랑스럽게 생각한다고 말해 준다. 아이에게 예절을 가르치는 일이 하루아침에 되는 것은 아니다. 그것에 대해 이야기 나누고, 반복적으로 실천하고 난 뒤에야, 예절은 평생의 습관이 될 수 있다.

누구에게나 좋아하는 것과 싫어하는 것이 있다. 그런데 오늘날 우리는 아이가 어떤 활동에 참여하는 것을 거절하거나 하고 싶지 않다거나 싫어한다고 말하는 모습을 점점 더 많이 접하게 된다. 나의 언니에게는 아장아장 걷는 아이, 초등학교에 다니는 아이와 십대의 아이가 있다. 언니는 항상 아이들에게 '싫다'는 말을 쓰지 말라고 한다. 어떤 것을 싫어할 때는 '좋아하지 않는다'고 말하도록 가르친다. 내가 건포도를 몇 개 주면 두 살짜리 조카는 "아니에요, 됐어요! 난 건포도를 좋아하지 않아요"라고 말한다. 싫어한다는 말은 강한 부정의 느낌을 드러내는 표현으로, 일반적으로 부정적인 소망과 생각에 수반되어 나타난다.

아이가 어떤 음식이나 어떤 책, 어떤 놀이, 극단적인 경우에는 어떤 사람을 좋아하지 않는 경우가 있을지 모른다. 아이에게 어떤 것을 좋아하지 않는 것은 아무런 문제가 되지 않는다고 말해 주기 바란다. 하지만 '싫다'는 말을 너무나 당연하게 사용하지는 못하게 하기 바란다. 그러한 과정은 아이가 긍정적으로 사고할 수 있도록 도와준다. 아이가 학교에서 어떤 친구를 만난다고 생각해 보자. 그 아이가 당신의 아이에게 자기는 태권도를 배우고 있는데, 곧 승급 심사를 받을 거라고 말한다. 그런데 당신의 아이가 "난 태권도가 싫어!"라고 말한다면, 당신은 이런 우정이 오래 지속되리라고 생각하는가? 다른 사람들이 즐기는 것을 당신의 아이도 즐겨야 할 필요는 없다. 하지만 친구를 사귀려면 다른 사람들이 좋아하는 것과 좋아하지 않는 것을 존중해야 한다. 사람들을 괴롭히는 것을 즐기는 아이가 종종 있다. 예를 들면, 다른 아이를 볼 때마다 뒤에서 때리거나 머리카락을 잡아당기는 아이가 있다. 그런 행동이 재미있을지 모르겠지만, 아이들은 대부분 그런 아이와 마주치지 않으려고 할 것이다.

당신의 아이가 어떤 행동을 하는지 주의를 기울여야 한다. 그리고 당신의 아이가 다른 아이로부터 기피의 대상이 되는 행동을 하지 못하도록 따끔하게 말해 주어야 한다. 한꺼번에 너무 많은 사람이 나서서 말하는 소리를 들을 수 있는 사람은 없다. 아이에게 다른 사람이 이야기할 때는 그 사람이 말을 마칠 때까지 기다리도록 말해 주어야 한다. 그런 다음에 아이에게 무엇을 물어보려고 했는지 물어야 한다. 이러한 태도가 몸에 배기 위해서는 반복적인 연습이 필요하겠지만, 그것이 미덕이라는 점은 알고 있어야 한다. 당신과 함께 대화하는 동안 아이가 참을성 있게 엄마의 말을 기다리면, 손을 잡아 주거나 아이를 안아 줌으로써 격려해 주는 것이 좋다.

　노먼은 또래 아이들에 비해 몸무게가 조금 더 나간다. 4학년이 되자 아이들은 몸무게가 조금 더 나가는 것을 마치 전염병에 걸린 것만큼이나 좋지 않게 보는 것 같다. 노먼이 교실로 들어가면, 여자아이들은 떼를 지어 책상을 두르리며 말한다. "여기 코끼리가 온다." "넌 유니폼을 특별 주문해야 할 거야. 너처럼 뚱뚱한 아이는 없잖아." "뚱뚱한 아이들은 어디서 옷을 사니? 너처럼 뚱뚱한 아이를 만나면 말해 주고 싶은데." 시간이 갈수록 노먼은 교실에서 자기 모습을 드러내지 않으려고 한다. 노먼은 가급적 또래 아이들과 떨어져서 지낸다. 노먼은 고개를 숙이고 다니기 시작한다. 자신에 대해서 신경을 쓰지 않는 듯하다. 그리고 웃는 일이 거의 없다.

노먼의 부모는 아들과 터놓고 대화를 나눌 필요가 있다. 노먼이 왜 불행해졌으며, 왜 친구들을 만나지 않는지 알아야 한다. 짓궂은 비난은 결코 바람직하지 않다는 것을 노먼이 이해하도록 도와줄 필요가 있다. 그리고 노먼은 그런 말에 하나하나 마음을 쓰지 않아야 한다. 몸무게가 많이 나가는 것이 노먼을 불행하게 한다면, 다이어트를 도와주고, 가벼운 운동을 함께함으로써 원하는 모습으로 바뀔 수 있다는 희망을 주어야 한다. 열한 살쯤 되면 아이들은 사춘기에 들어간다. 그때는 다른 아이들의 시선이 자기 자신의 이미지를 형성하는 데 중요한 요소가 된다.

사람은 모두 다르며, 우리 모두 장점과 단점을 지니고 있다는 사실을 아이들이 이해하도록 도와주어야 한다. 단점이나 약점을 지적당하고, 조롱거리가 되는 것을 좋아할 사람은 아무도 없다. 아이가 익혀야 할 예절 목록에 사람들의 다른 모습을 받아들이라는 점이 반드시 포함되어야 한다. 가족과 친구들을 놀리거나 농담으로라도 그들을 비방해서는 절대로 안 된다는 것을 당신은 기억해야 한다. 아이의 주위 환경이 빈정거림, 놀림 또는 고통을 주는 행동으로 물들지 않게 해야 한다. 너무 당연한 이야기를 하고 있다고 생각할지도 모르겠다. 다만, 나는 지금보다 더 세심한 주의가 필요하다는 것을 말하고 싶다. 아이들은 우리가 전화로 이야기하는 소리처럼, 우연히 듣게 되는 것들조차 모두 흡수하려고 하는 스펀지와 같다. 아이들이 듣는 모든 소리는 아이의 기억에 저장되었다가 미래의 무기가 된다는 것을 알아야 한다.

우리 가족은 여러 해 동안 레스토랑을 경영하고 있다. 아버지는 종종 나에게 예절에 대한 글을 써보라고 격려했다. 아버지는 요즘 아이들이 더 이상 미안하다거나 감사하다는 말을 하지 않는다고 걱정한다. 한편으로 생각해 보면, 어른들도 대부분 그런 말을 하지 않는 듯하다. 아이들에게서 미안하고 감사하다는 말이 나오기를 바란다면, 당신이 그 말을 반복적으로 들려 주어야 한다. 미안하고 감사하다는 말을 당신이 먼저 습관적으로 사용함으로써 그것이 아이들과의 대화에서 자주 등장하는 어휘가 되어야 한다. 아이가 친구들에게 다정하고 예의 바른 모습을 보이기를 바란다면, 아이에게 그것이 익숙해질 수 있도록 당신이 먼저 다정하고 예의 바른 모습을 보이라는 것이다. 아이를 더 이상 외롭지 않게 하기 위해 아이에게 많은 친구가 생기길 바란다면, 당신이 먼저 변해야 한다는 것을 잊지 말아야 한다.

우리가 아무리 많은 책을 읽고, 사례들을 연구한다 해도 왕따 문제에 대한 가장 훌륭한 해답은 바로 부모인 당신에게 있다는 사실을 분명하게 언급해 두고 싶다. 아이를 가장 잘 아는 사람은 바로 당신이다. 당신만이 아이가 언제 의기소침해하고, 슬퍼하고, 자제력을 잃는지 알 수 있다.

이 책을 읽고 난 뒤에, 당신은 아이들의 사회생활을 지켜보는 문제에 더욱 자신감을 갖게 될 것이다. 또한 당신이 자녀에게 어떤 충고를 해주는 것이 좋을지를 결정할 때도 자신감을 갖게 될 것이다. 아이가 다른 아이들과 어떻게 지내는지에 깊은 관심을 가진 부모들은 아이가 삶의 모든 부분에서 잘해 낼 수 있도록 도와주려고 한다. 때로는 아이와 함께 그들의 경험에 대해 이야기를 나누고, 못살게 구는 사람은 상대를 하지 않는 편이 낫다고 일러 줄 수 있다면 그것만으로도 당신의 의무를 다했다고 할 수 있다. 때로는 당신이 직접 아이의 문제에 개입해 도와주기도 해야 한다. 오늘날에는 아이가 어떤 아이를 친구로 사귀어야 하는지를 결정할 때도 부모가 도움을 준다. 이것은 아이의 성장에 반드시 필요한 일이다. 오늘날 이 사회에는 늘 상대해야 할 사람들과 처리해야 할 문제들이 있기 마련이다. 당신은 반드시 그에 필요한 지식을 갖추어야 하고, 아이가 그런 문제를 적절하게 처리할 수 있도록 도와주어야 한다.

이 책이 당신에게 '왕따'라는 주제를 이해하고 극복하는 데 도움이 되었기를 바란다. 나는 오늘 우리 어린이들과 청소년들이 직면한 실생활에 관계된, 평범하지만 복잡한 문제들을 제시하려고 노력했다. 그리고 그것을 예방하고 극복하는 데 필요한, 이미 입증된 몇 가지 방법을 제시했다. 그러나 우리가 아무리 많은 책을 읽고, 사례들을 연구한다 해도 왕따 문제에 대한 가장 훌륭한 해답은 바로 부모인 당신에게 있다는 사실을 분명하게 언급해 두고 싶다. 아이를 가장 잘 아는 사람은 바로 당신이다. 당신만이 아이를 관찰해서 언제 의기소침해하고, 슬퍼하고, 압박감을 느끼거나 자제력을 잃는지 알 수 있다. 아이가 이상 징후를 보였을 때, 당신은 주저하지 말고 부모로서의 본능에 따라 행동하면서 질문을 던지고 당신의 생각과 조언을 아이에게 전달해야 한다.

만일 우리가 아이의 왕따 문제에 대해 눈을 감는다면, 그 문제들은 결코 해결되지 않을 것이다. 오히려 점차 더 크고 심각한 문제로 확대될 것이다. 당신에게는 대수롭지 않게 보이는 상황들도 아이에게는 위험을 안겨 줄 수 있다. 장난과 왕따를 구별하는 법을 배워야 한다. 아이들의 해로운 행동들이 반복되도록 방치해서는 안 된다. 처음부터 문제에 개입해서 아이가 어쩔 수 없는 상황에서 도움을 필요로 하기 전에 해결해 주어야 한다. 그리고 당신은 아이에게 올바르고 반듯한 행동을 가르쳐 주어야 한다. 개입해야 할 때와 아이들이 스스로 상황을 해결하도록 내버려두어야 할 때를 알아야 한다. 또 아이들의 선생님과 친구들을 알아 둘 필요가 있다. 아이와의 의사소통에 틈이 있을 경우에는 그것을 메워야 한다. 주저하지 말고, 아이에게 정직하고 공평한 의견을 제시하기 바란다. 당신과 아이는 팀원으로서 협력해야 한다.

사랑과 존중은 서로 보조를 맞추는 감정이다. 그것은 힘겨운 노력과 인내, 자신을 아낌없이 나누어 줄 수 있는 마음을 통해서 얻을 수 있다. 당신 자신보다 더 훌륭한 충고는 없다. 우리는 인생의 그림을 그린다. 그리고 그것은 옳고 그름과 바람직하고 바람직하지 못한 행동이 무엇인지를 가르쳐 준다. 이러한 개념을 배움으로써 아이들이 더 명석하게 성장하고, 인생에서 더 현명한 선택을 할 수 있는 능력을 키우게 된다. 이를 통해 아이들이 어떤 아이와 친구가 되어야 하는지를 판단할 수 있게 된다. 그렇게 되면 아이가 해결하기 어려운 상황과 문제에 직면할 가능성은 더 낮아진다. 아이를 바로잡아 주고 가르치는 것을 두려워하지 말자. 그래야 당신의 아이는 잠재된 능력을 최대한 발휘할 것이다. 더 나아가 당신의 아이는 정신적, 육체적으로 인생에서 부딪치는 어떤 문제라도 극복할 준비를 갖춘, 강인한 어른으로 성장할 것이다. 당신이 아이들의 세상을 더 살기 좋고, 더 부드럽고, 더 재미있는 곳으로 바꾸는 데, 나의 글이 어떻게든 도움이 되었기를 희망한다. 아이와 매일 학교생활에 대해 이야기하기 바란다. 이런 대화는 불필요한 괴롭힘이나 왕따를 예방해 줄 수 있는 촉매로 작용하기도 한다.

아이가 물러서면 부모들이 개입해서 도와줄 수 있는 관계를 만들어야 한다. 나의 바람은 모든 부모들이 그런 관계를 만드는 것이다. 어떤 아이도 침묵 속에 고통을 겪어서는 안 되며, 당신은 아이에게 하루도 빠짐없이 당신이 기다리고 있으며, 언제든지 이야기를 들어 줄 준비가 되어 있다는 메시지를 보내야 한다. 아이의 책상이나 침대에 대화를 시작하는 데 필요한 메시지를 남기고, 문제가 발생했을 때는 해결하고 극복할 수 있도록 힘과 용기를 불어넣어 주기 바란다. 마지막으로 당신은 아이에게 최초의 그리고 최고의 교사라는 사실을 명심해야 한다. 아이는 당신에게 배우는 가르침을 통해서 마음을 깨우칠 뿐만 아니라 성격을 형성하기도 한다. 부모들로 하여금 아이들이 인생을 형성해가는 과정에서, 자기가 차지하는 역할과 중요성을 이해하도록 도와주는 것이, 교사들이 학생들에게 선사하는 최선의 방법이라는 것을 잊지 말아야 한다.

우리 아이들을 가르치는 가장 효과적인 방법

37년 동안 기자로 생활하면서, 많은 팀과 선수 그리고 코치들을 만났다. 그리고 단결하고, 서로를 격려하는 팀들이 대개 경기에서 승리를 거둔다는 사실을 발견했다. 경기에서 얼마나 점수를 얻든, 하루가 끝날 무렵이면, 그들은 그날 경기의 경험을 통해서 더 성장하여 경기장을 떠났다. 친절함과 훌륭한 언어를 통한 설득의 힘을 절대 과소평가해서는 안 된다. 남을 괴롭히거나 비열한 인간이 되는 데도 그와 똑같은 양의 시간과 에너지가 소모된다. 그런데 문제는, 그 결과가 별무신통이라는 데 있다. 아이들에게 다른 사람들을 존중하라고 가르치는 것이야말로 우리가 직면한 가장 커다란 도전 가운데 하나이다. 그런데 아마도 우리가 가장 시간을

적게 할애하는 것이 바로 이 과제일 것이다. 사례를 통해서 가르
치는 것이 우리 아이들을 가르치는 가장 효과적인 방법인 까닭이
바로 거기에 있다. 친절함이 드러나는 장면들을 직접 목격함으로
써, 우리 아이들은 가장 많은 것을 배운다.

토니 시그레토

외로운
아이는
부모가
만든다

멜라인 키보키언 글 | 신홍민 옮김

1판 1쇄 인쇄 2009년 1월 22일
1판 1쇄 발행 2009년 1월 30일

발행인 서경석 | 편집인 김민정 | 편집 사이시옷

발행처 청어람주니어 | 출판등록 제1081-1-89호
서울시 마포구 성산동 254-10 202호
전화 02-323-8225, 6 | 전송 02-323-8227
junior@chungeoram.com

ISBN 978-89-251-1664-8 13370